en español

BIOGRAFÍAS GRÁFICAS

MATTHEW HENSON
Aventurero del Ártico

por B. A. Hoena
ilustrado por
Phil Miller y Charles Barnett III

Consultor:
Genevieve LeMoine
Conservador/Encargado
Museo Ártico Peary-MacMillan
Brunswick, Maine

Capstone press®

Mankato, Minnesota

Graphic Library is published by Capstone Press,
151 Good Counsel Drive, P.O. Box 669, Mankato, Minnesota 56002.
www.capstonepress.com

1 2 3 4 5 6 11 10 09 08 07 06

Library of Congress Cataloging-in-Publication Data
Hoena, B. A.
    [Matthew Henson. Spanish]
    Matthew Henson: aventurero del Ártico/por B.A. Hoena; ilustrado por
Phil Miller y Charles Barnett III.
    p. cm.
    Includes bibliographical references and index.
    ISBN–13: 978–0–7368–6603–3 (hardcover : alk. paper)
    ISBN–10: 0–7368–6603–5 (hardcover : alk. paper)
    ISBN–13: 978–0–7368–9671–9 (softcover pbk. : alk. paper)
    ISBN–10: 0–7368–9671–6 (softcover pbk. : alk. paper)
    1. Henson, Matthew Alexander, 1866–1955—Juvenile literature. 2.
African–American explorers—Biography—Juvenile literature. 3. North
Pole—Discovery and exploration—Juvenile literature. I. Miller, Phil, ill.
II. Barnett, Charles, III, ill. III. Title.
G635.H4H64218 2006
910.92—dc22   2006043853

Summary: In graphic novel format, tells the life story of explorer Matthew Henson and his
expedition to the North Pole with Robert Peary, in Spanish.

Art Director	*Editor*
Jason Knudson	Tom Adamson
Designer	*Translation*
Bob Lentz	Mayte Millares and Lexiteria.com
Colorist	
Scott Thoms	

Nota del editor: Los diálogos con fondo amarillo indican citas textuales de fuentes
fundamentales. Las citas textuales de dichas fuentes han sido traducidas a partir del inglés.

Direct quotations appear on the following pages:
Pages 4, 5, 6, 8, 10, 11, 14, 20 (Henson's line), 22, 25, 26, from *Dark Companion* by Bradley
    Robinson (New York, R. M. McBride, 1948).
Page 13, from *The North Pole* by Robert E. Peary (New York: Cooper Square Press, 2001).
Pages 16, 17, from *North Pole Legacy* by S. Allen Counter (Amherst: University of Massachusetts
    Press, 1991).
Page 20 (Peary's line), from "Matthew Henson" by Donald D. MacMillan (*The Explorers Journal*
    Fall 1955).

TABLA DE CONTENIDOS

CAPÍTULO 1

Joven aventurero

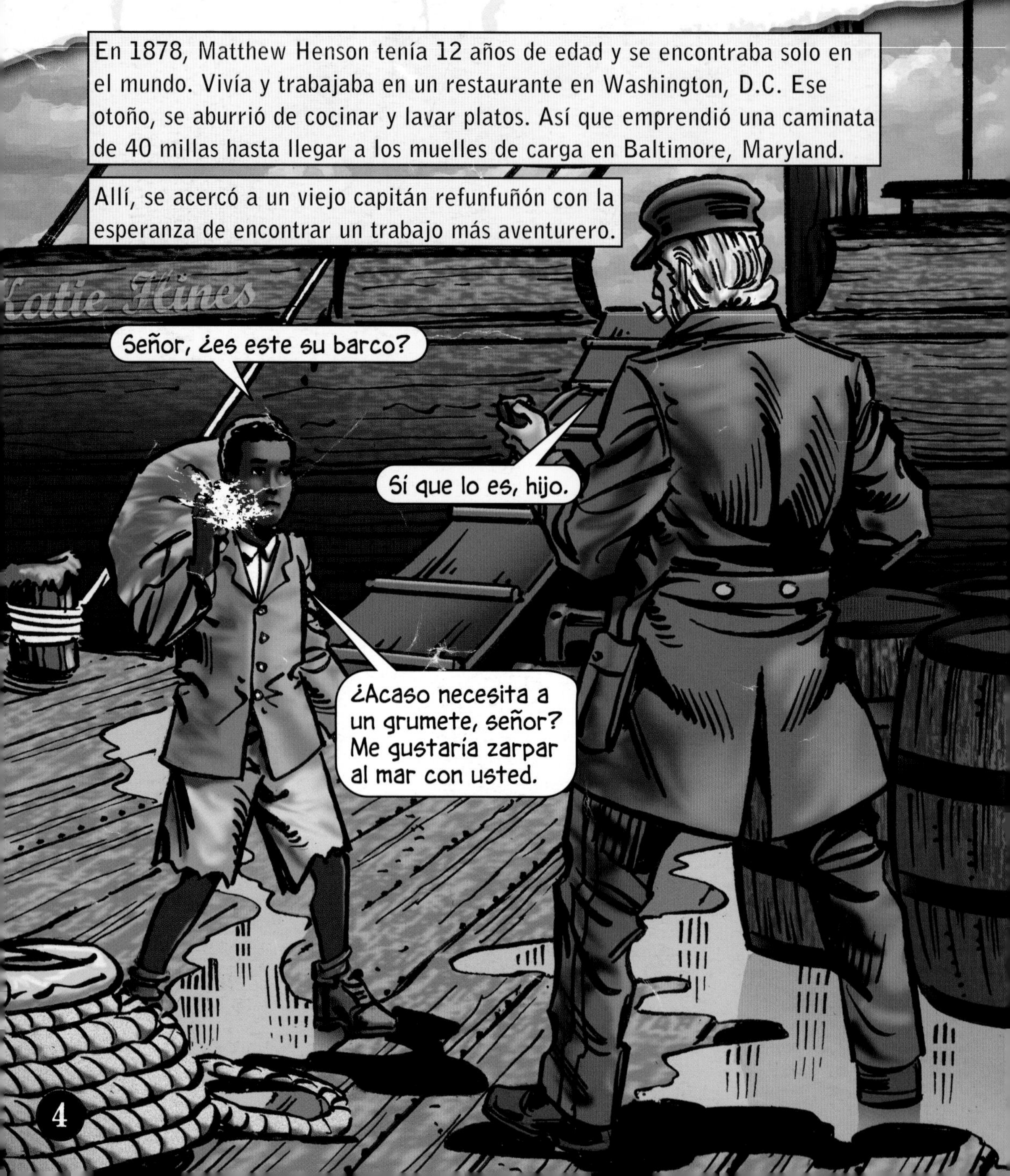
En 1878, Matthew Henson tenía 12 años de edad y se encontraba solo en el mundo. Vivía y trabajaba en un restaurante en Washington, D.C. Ese otoño, se aburrió de cocinar y lavar platos. Así que emprendió una caminata de 40 millas hasta llegar a los muelles de carga en Baltimore, Maryland.
Allí, se acercó a un viejo capitán refunfuñón con la esperanza de encontrar un trabajo más aventurero.
Señor, ¿es este su barco?
Sí que lo es, hijo.
¿Acaso necesita a un grumete, señor? Me gustaría zarpar al mar con usted.

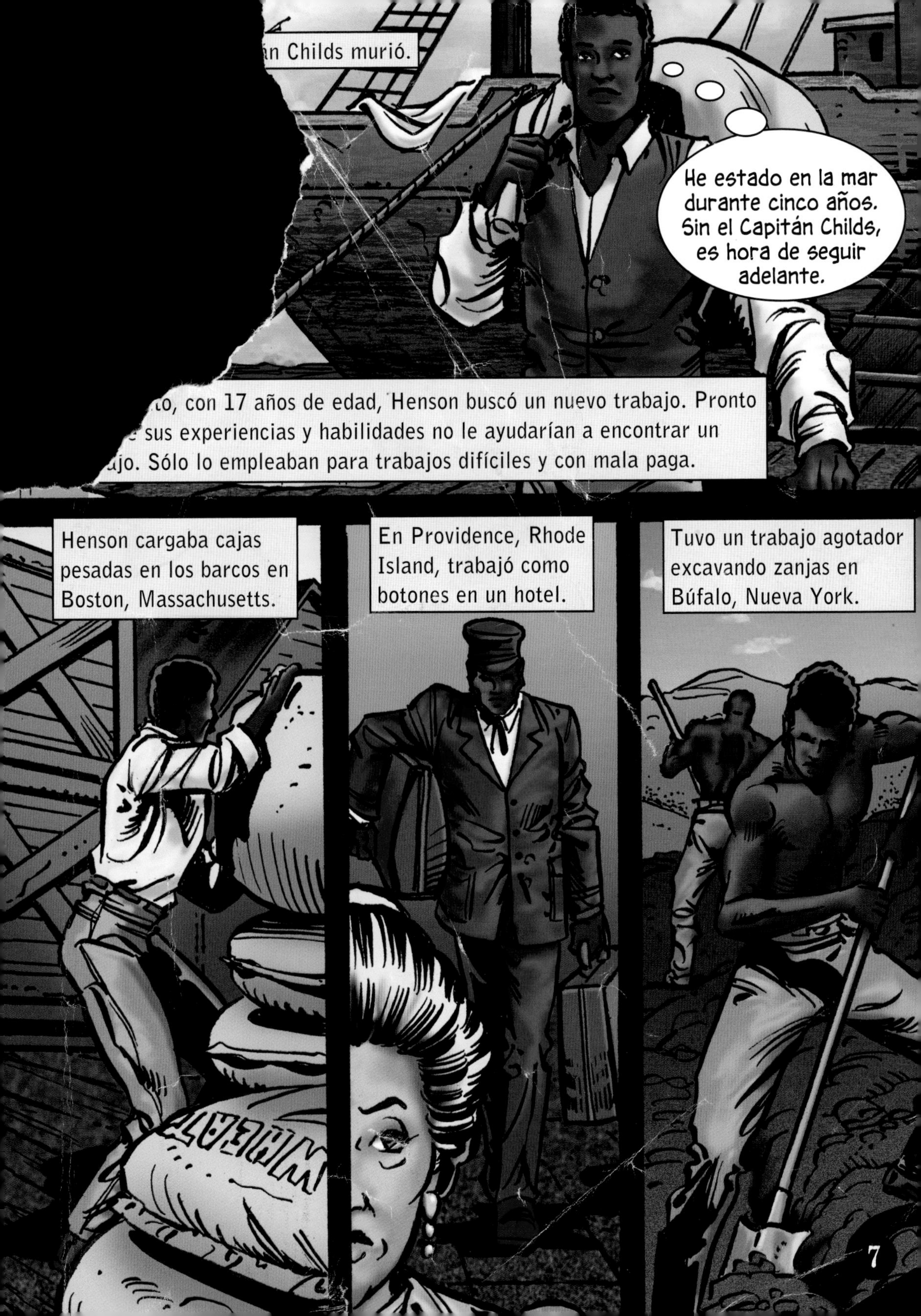
án Childs murió.
He estado en la mar durante cinco años. Sin el Capitán Childs, es hora de seguir adelante.
to, con 17 años de edad, Henson buscó un nuevo trabajo. Pronto
sus experiencias y habilidades no le ayudarían a encontrar un
ajo. Sólo lo empleaban para trabajos difíciles y con mala paga.
Henson cargaba cajas pesadas en los barcos en Boston, Massachusetts.
En Providence, Rhode Island, trabajó como botones en un hotel.
Tuvo un trabajo agotador excavando zanjas en Búfalo, Nueva York.

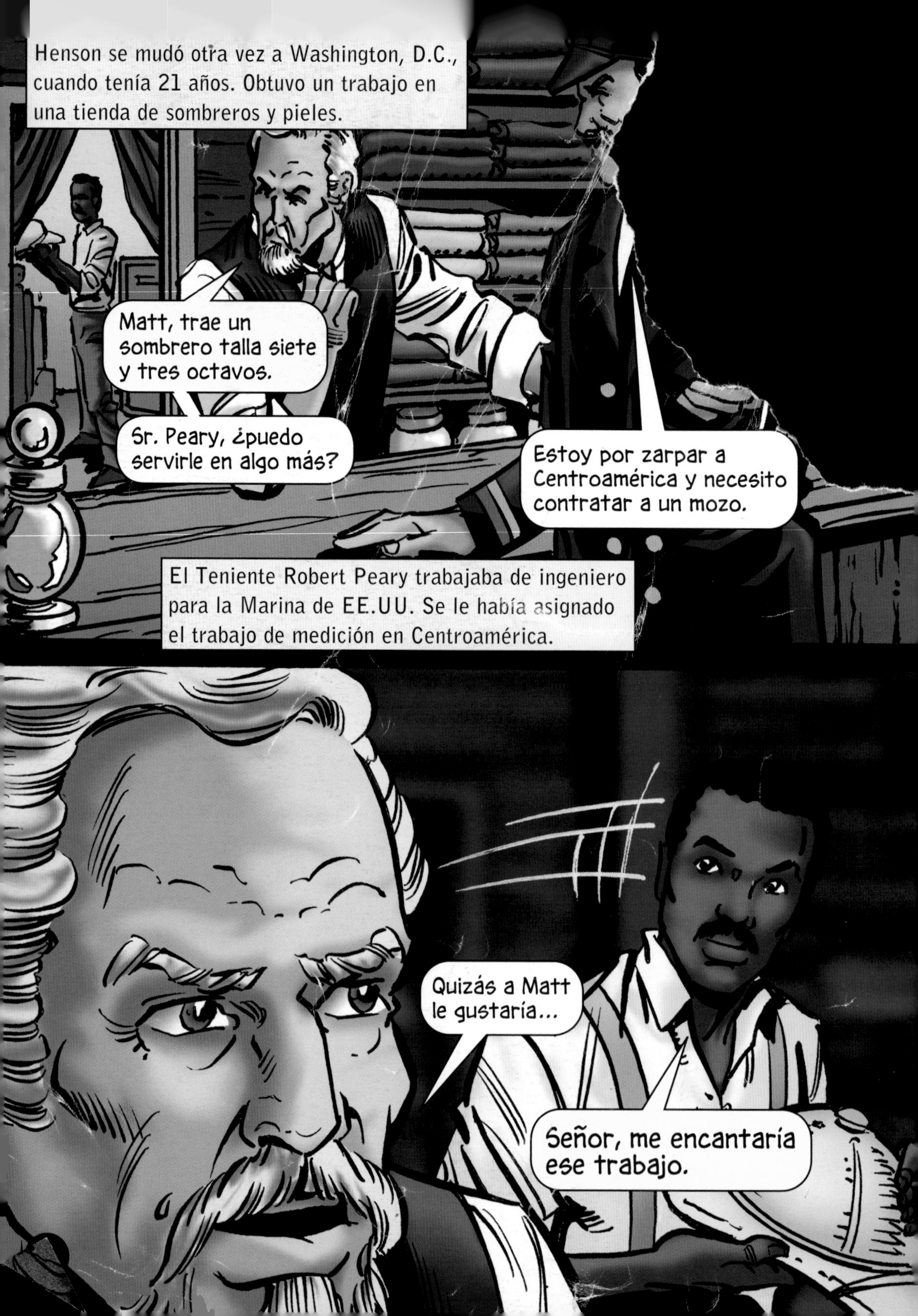
Henson se mudó otra vez a Washington, D.C., cuando tenía 21 años. Obtuvo un trabajo en una tienda de sombreros y pieles.
Matt, trae un sombrero talla siete y tres octavos.
Sr. Peary, ¿puedo servirle en algo más?
Estoy por zarpar a Centroamérica y necesito contratar a un mozo.
El Teniente Robert Peary trabajaba de ingeniero para la Marina de EE.UU. Se le había asignado el trabajo de medición en Centroamérica.
Quizás a Matt le gustaría...
Señor, me encantaría ese trabajo.

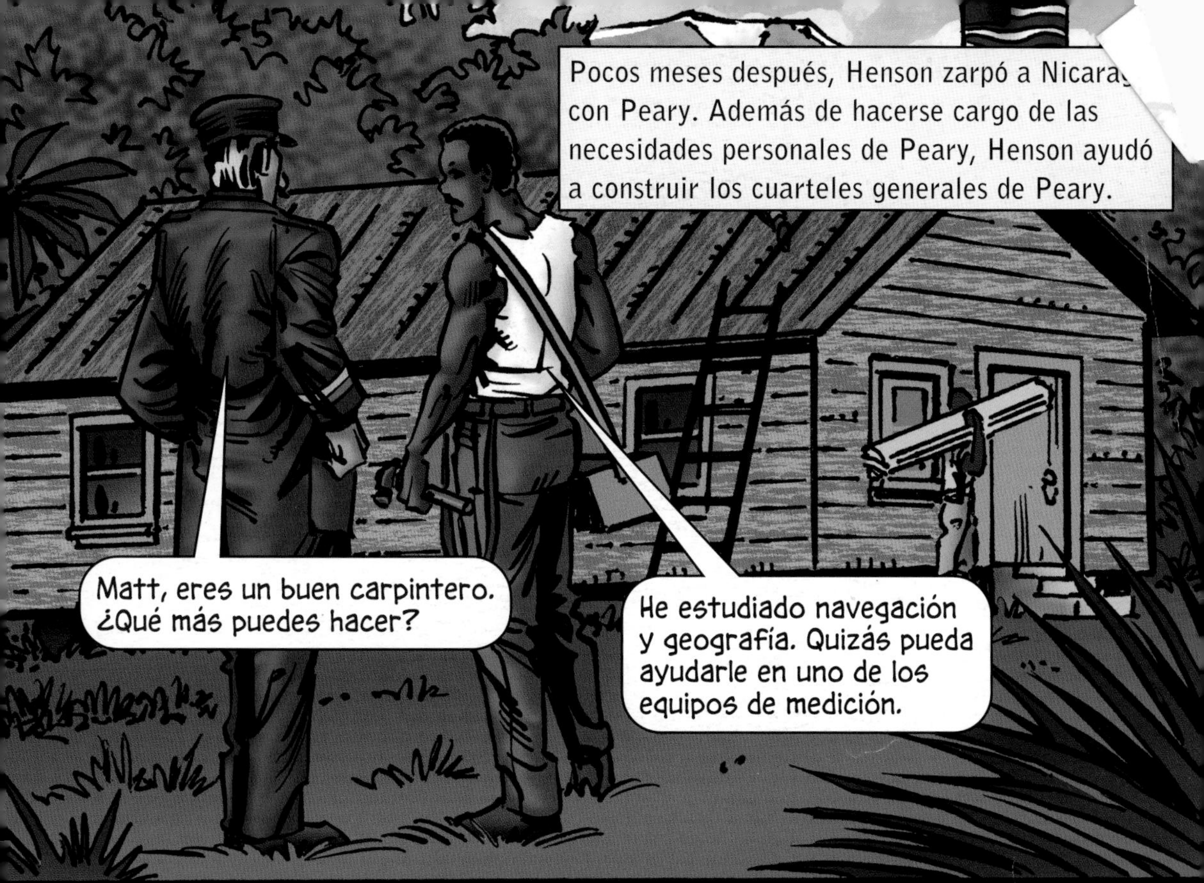
Pocos meses después, Henson zarpó a Nicarag con Peary. Además de hacerse cargo de las necesidades personales de Peary, Henson ayudó a construir los cuarteles generales de Peary.
Matt, eres un buen carpintero. ¿Qué más puedes hacer?
He estudiado navegación y geografía. Quizás pueda ayudarle en uno de los equipos de medición.

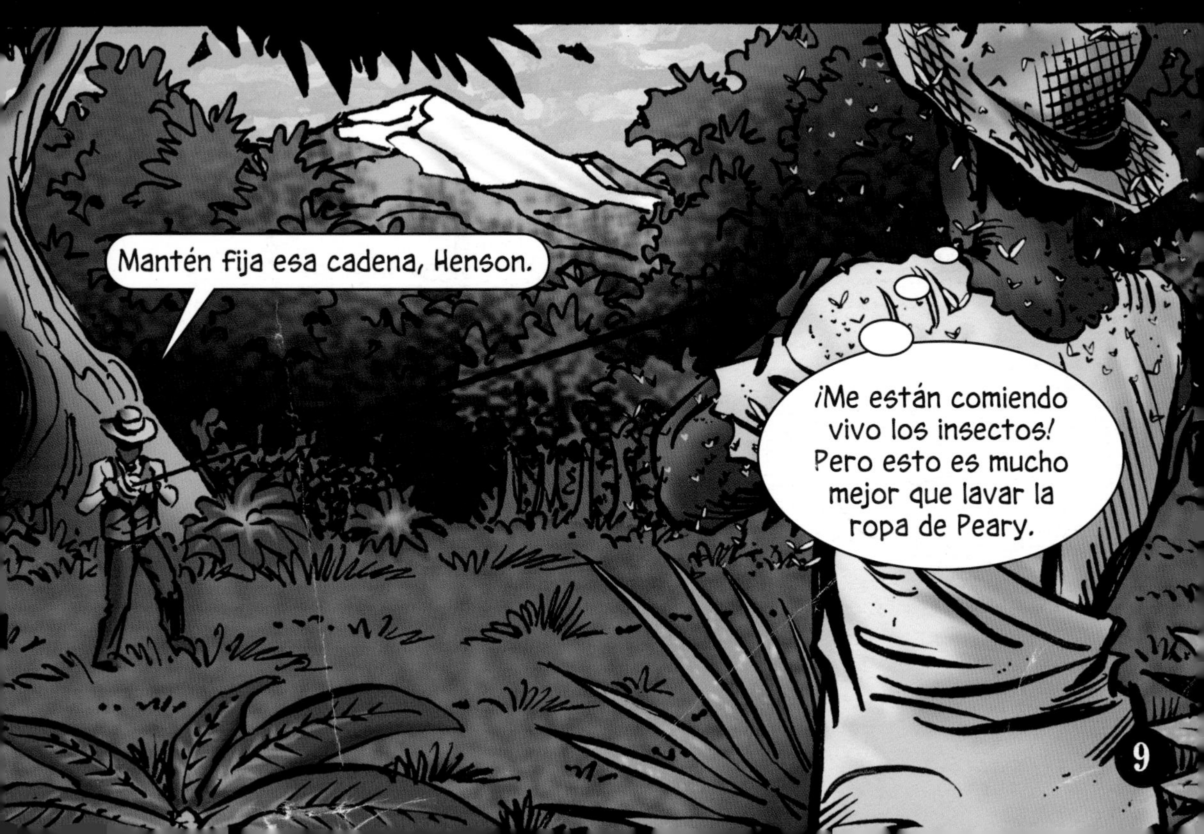
Mantén fija esa cadena, Henson.
¡Me están comiendo vivo los insectos! Pero esto es mucho mejor que lavar la ropa de Peary.

Capítulo 2

El sueño de Peary

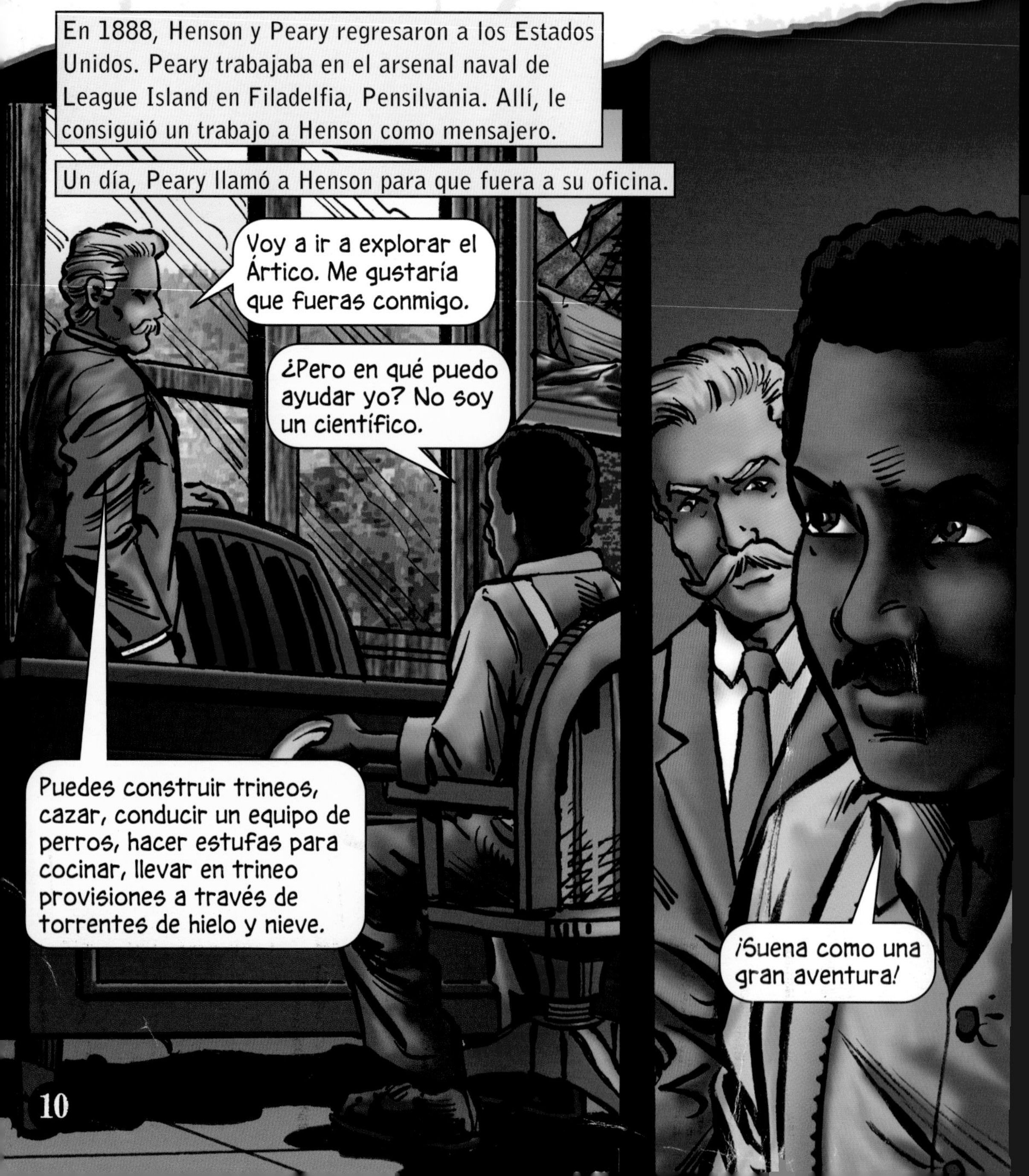

En 1888, Henson y Peary regresaron a los Estados Unidos. Peary trabajaba en el arsenal naval de League Island en Filadelfia, Pensilvania. Allí, le consiguió un trabajo a Henson como mensajero.
Un día, Peary llamó a Henson para que fuera a su oficina.
Voy a ir a explorar el Ártico. Me gustaría que fueras conmigo.
¿Pero en qué puedo ayudar yo? No soy un científico.
Puedes construir trineos, cazar, conducir un equipo de perros, hacer estufas para cocinar, llevar en trineo provisiones a través de torrentes de hielo y nieve.
¡Suena como una gran aventura!

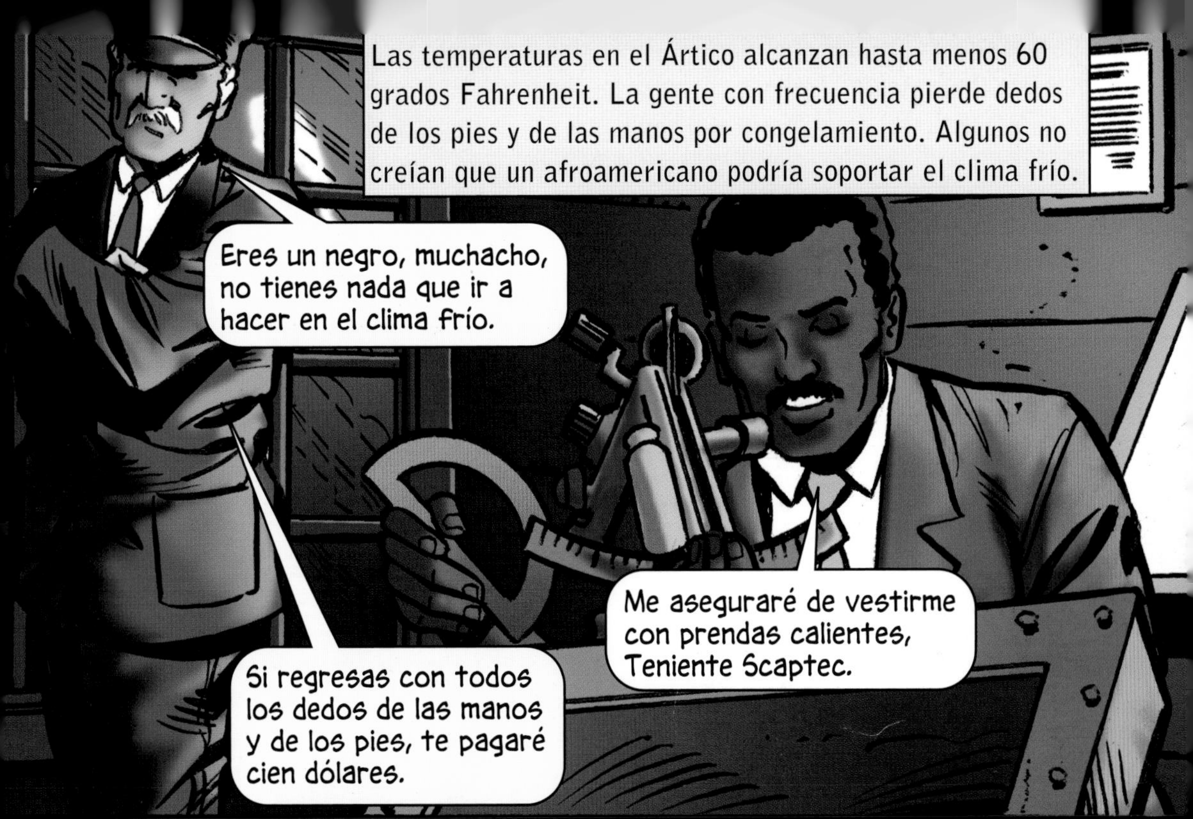
Las temperaturas en el Ártico alcanzan hasta menos 60 grados Fahrenheit. La gente con frecuencia pierde dedos de los pies y de las manos por congelamiento. Algunos no creían que un afroamericano podría soportar el clima frío.
Eres un negro, muchacho, no tienes nada que ir a hacer en el clima frío.
Me aseguraré de vestirme con prendas calientes, Teniente Scaptec.
Si regresas con todos los dedos de las manos y de los pies, te pagaré cien dólares.

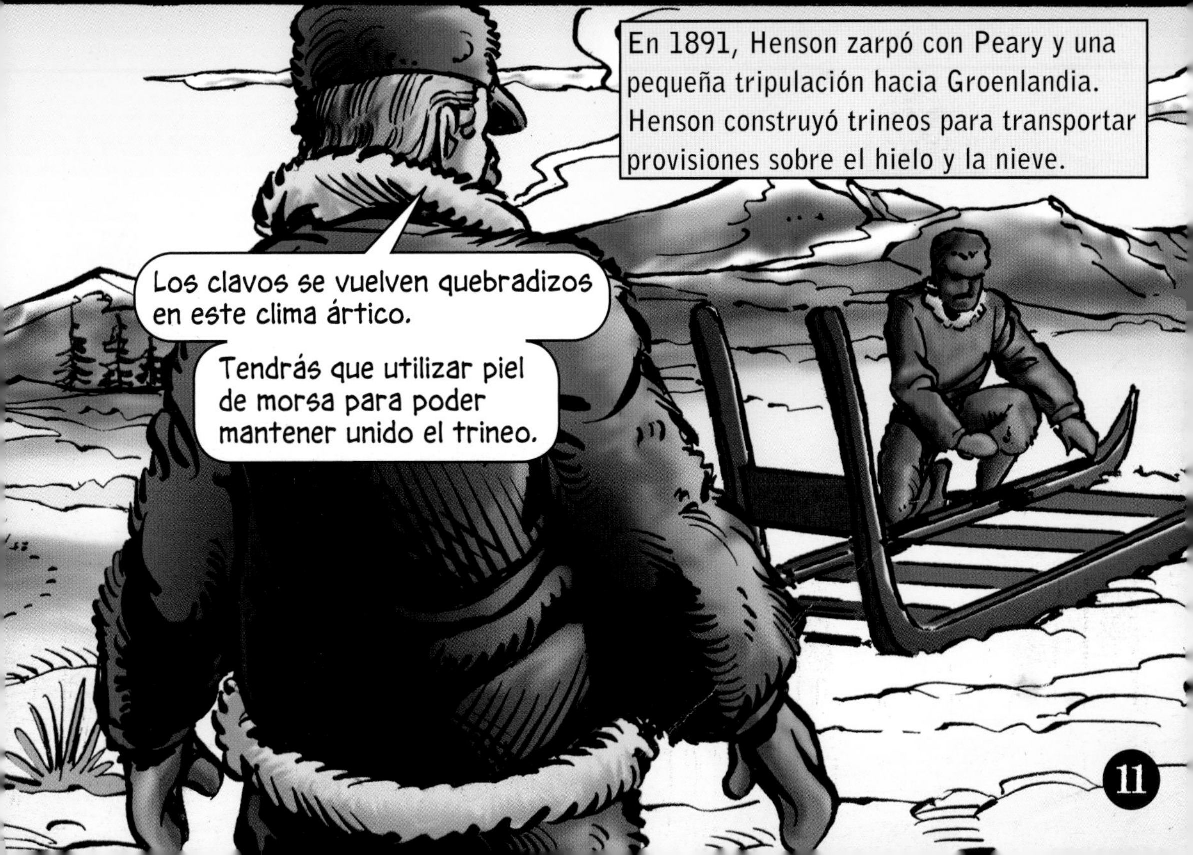
En 1891, Henson zarpó con Peary y una pequeña tripulación hacia Groenlandia. Henson construyó trineos para transportar provisiones sobre el hielo y la nieve.
Los clavos se vuelven quebradizos en este clima ártico.
Tendrás que utilizar piel de morsa para poder mantener unido el trineo.

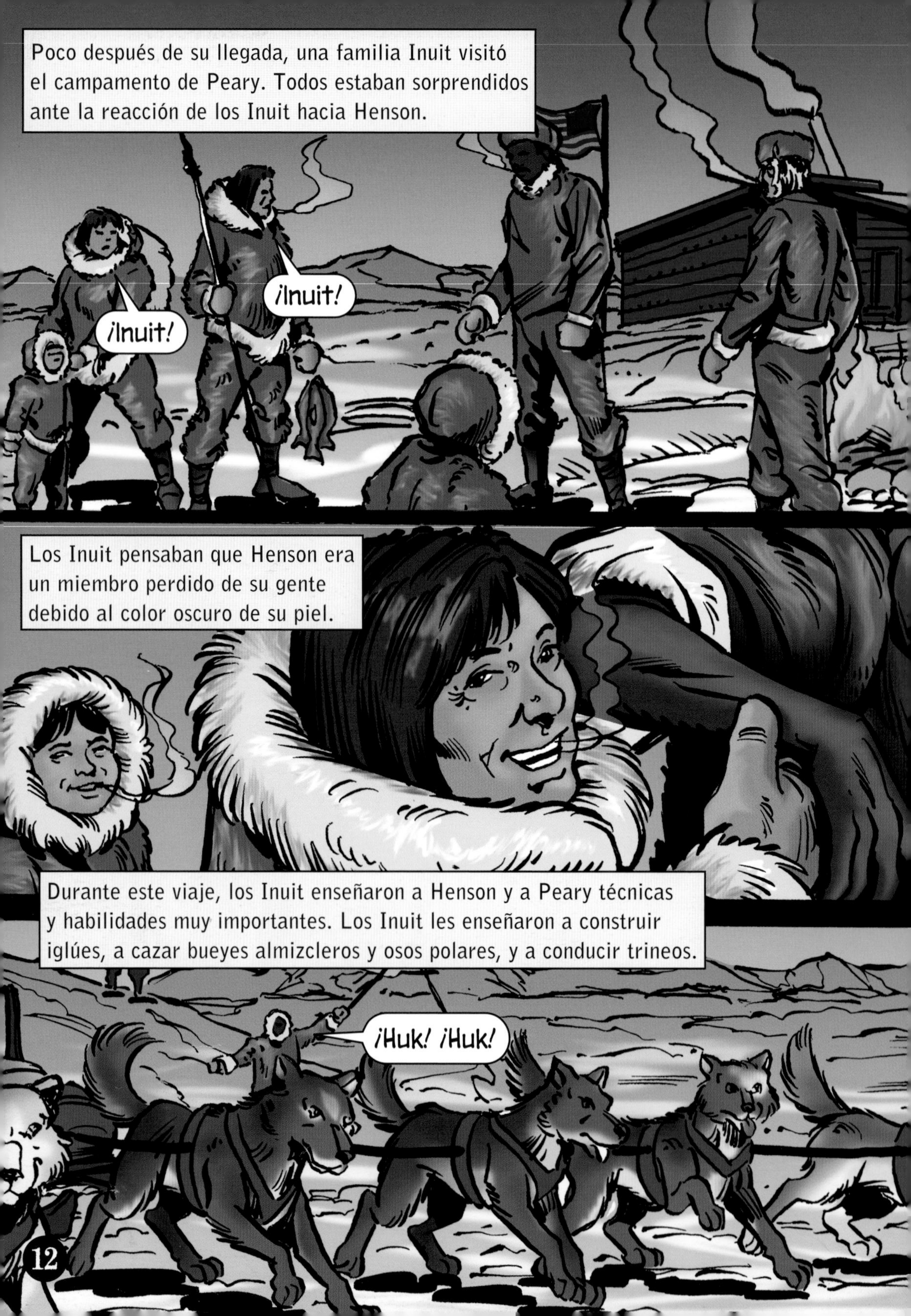
Poco después de su llegada, una familia Inuit visitó el campamento de Peary. Todos estaban sorprendidos ante la reacción de los Inuit hacia Henson.
¡Inuit!
¡Inuit!
Los Inuit pensaban que Henson era un miembro perdido de su gente debido al color oscuro de su piel.
Durante este viaje, los Inuit enseñaron a Henson y a Peary técnicas y habilidades muy importantes. Los Inuit les enseñaron a construir iglúes, a cazar bueyes almizcleros y osos polares, y a conducir trineos.
¡Huk! ¡Huk!

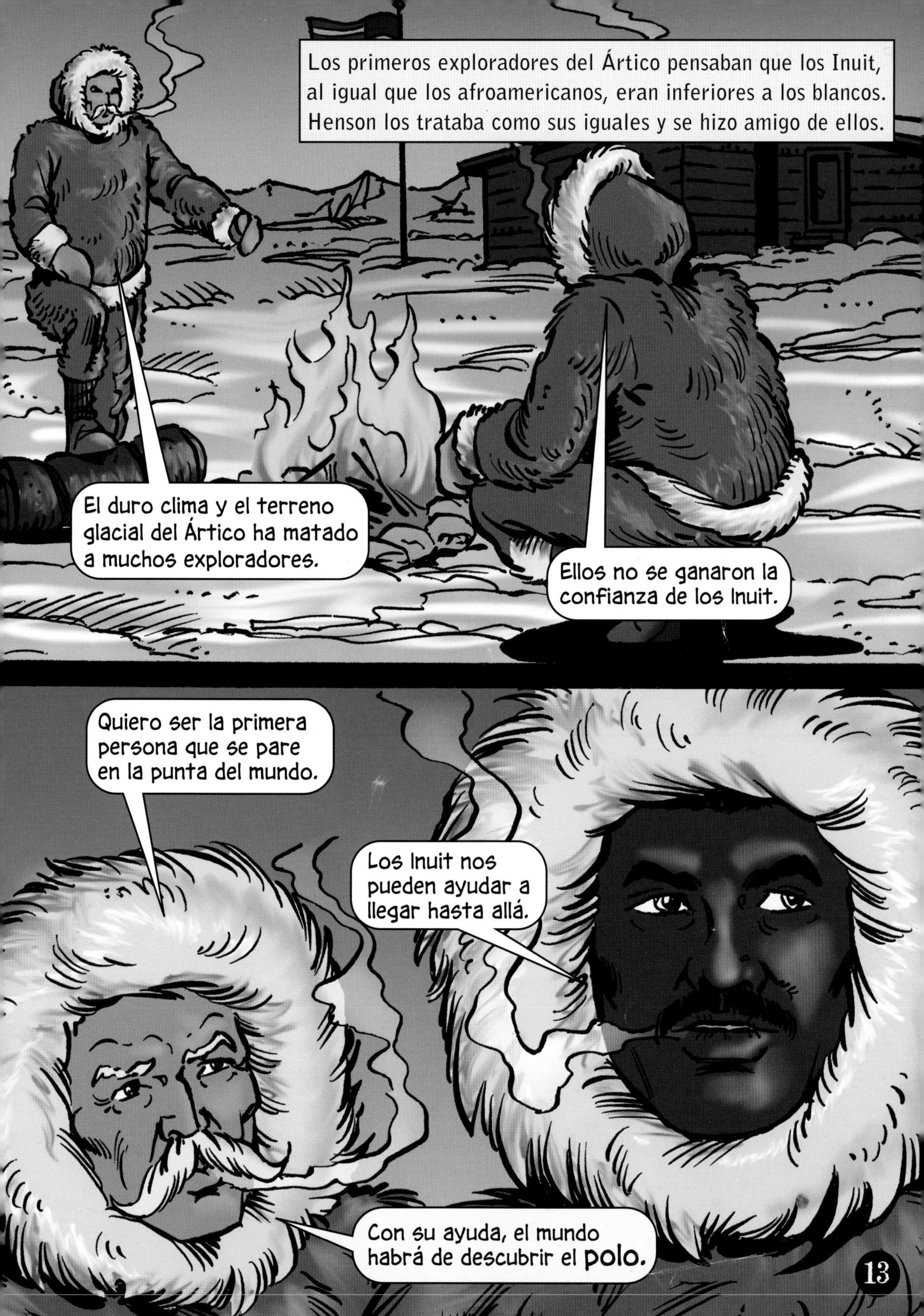
Los primeros exploradores del Ártico pensaban que los Inuit, al igual que los afroamericanos, eran inferiores a los blancos. Henson los trataba como sus iguales y se hizo amigo de ellos.
El duro clima y el terreno glacial del Ártico ha matado a muchos exploradores.
Ellos no se ganaron la confianza de los Inuit.
Quiero ser la primera persona que se pare en la punta del mundo.
Los Inuit nos pueden ayudar a llegar hasta allá.
Con su ayuda, el mundo habrá de descubrir el polo.

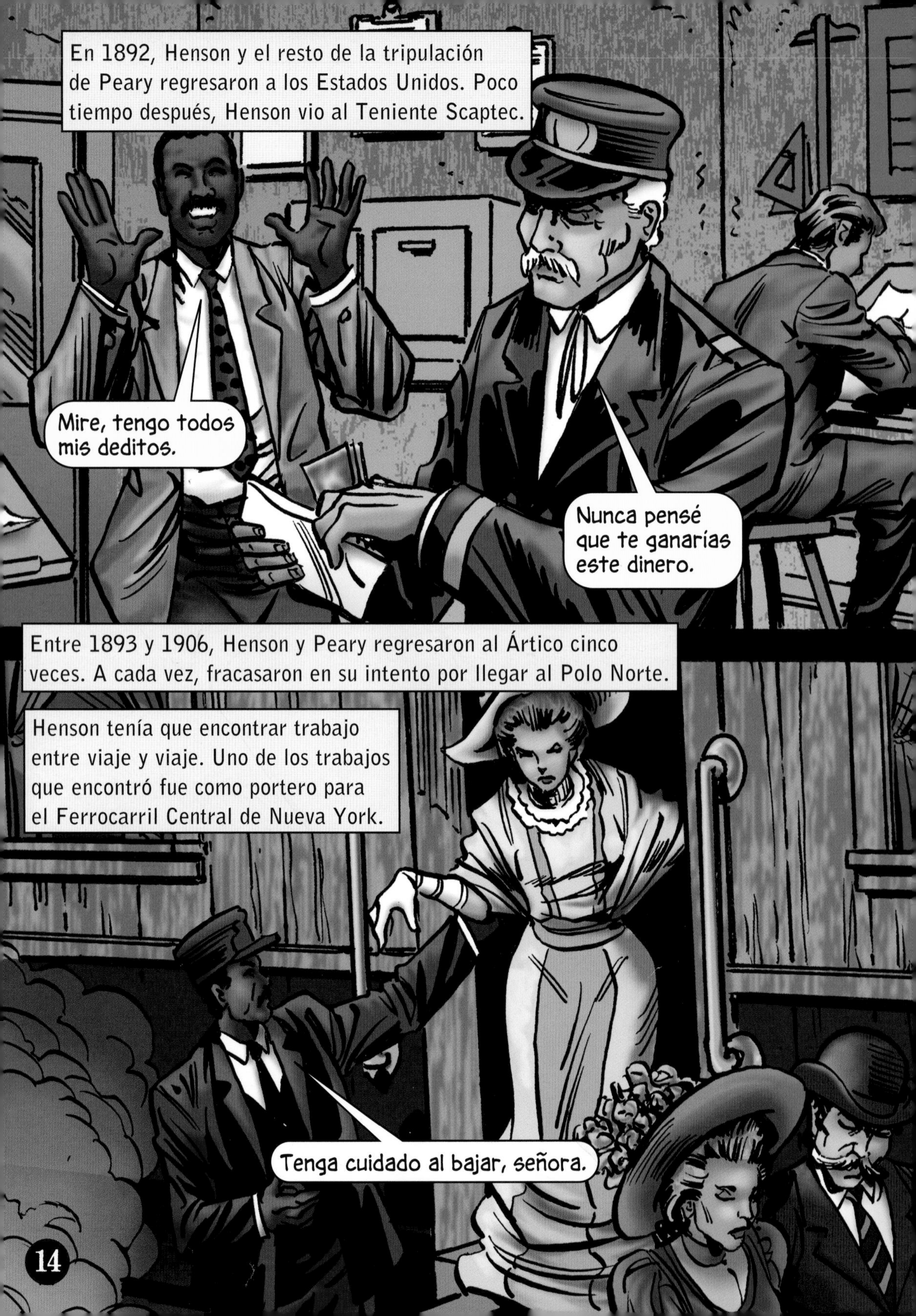

En 1892, Henson y el resto de la tripulación de Peary regresaron a los Estados Unidos. Poco tiempo después, Henson vio al Teniente Scaptec.
Mire, tengo todos mis deditos.
Nunca pensé que te ganarías este dinero.
Entre 1893 y 1906, Henson y Peary regresaron al Ártico cinco veces. A cada vez, fracasaron en su intento por llegar al Polo Norte.
Henson tenía que encontrar trabajo entre viaje y viaje. Uno de los trabajos que encontró fue como portero para el Ferrocarril Central de Nueva York.
Tenga cuidado al bajar, señora.

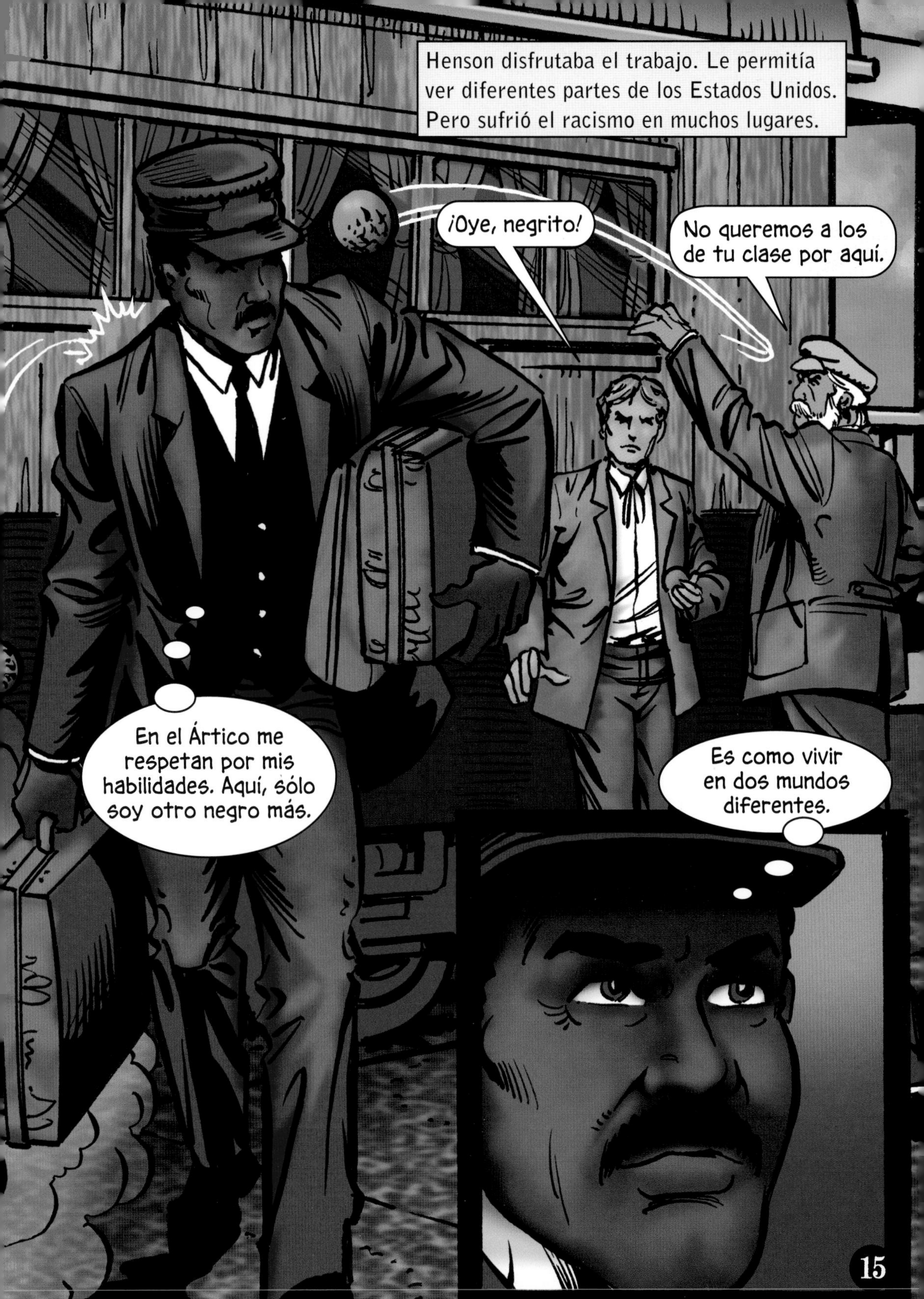
Henson disfrutaba el trabajo. Le permitía ver diferentes partes de los Estados Unidos. Pero sufrió el racismo en muchos lugares.
¡Oye, negrito!
No queremos a los de tu clase por aquí.
En el Ártico me respetan por mis habilidades. Aquí, sólo soy otro negro más.
Es como vivir en dos mundos diferentes.

Capítulo 3

El Polo Norte

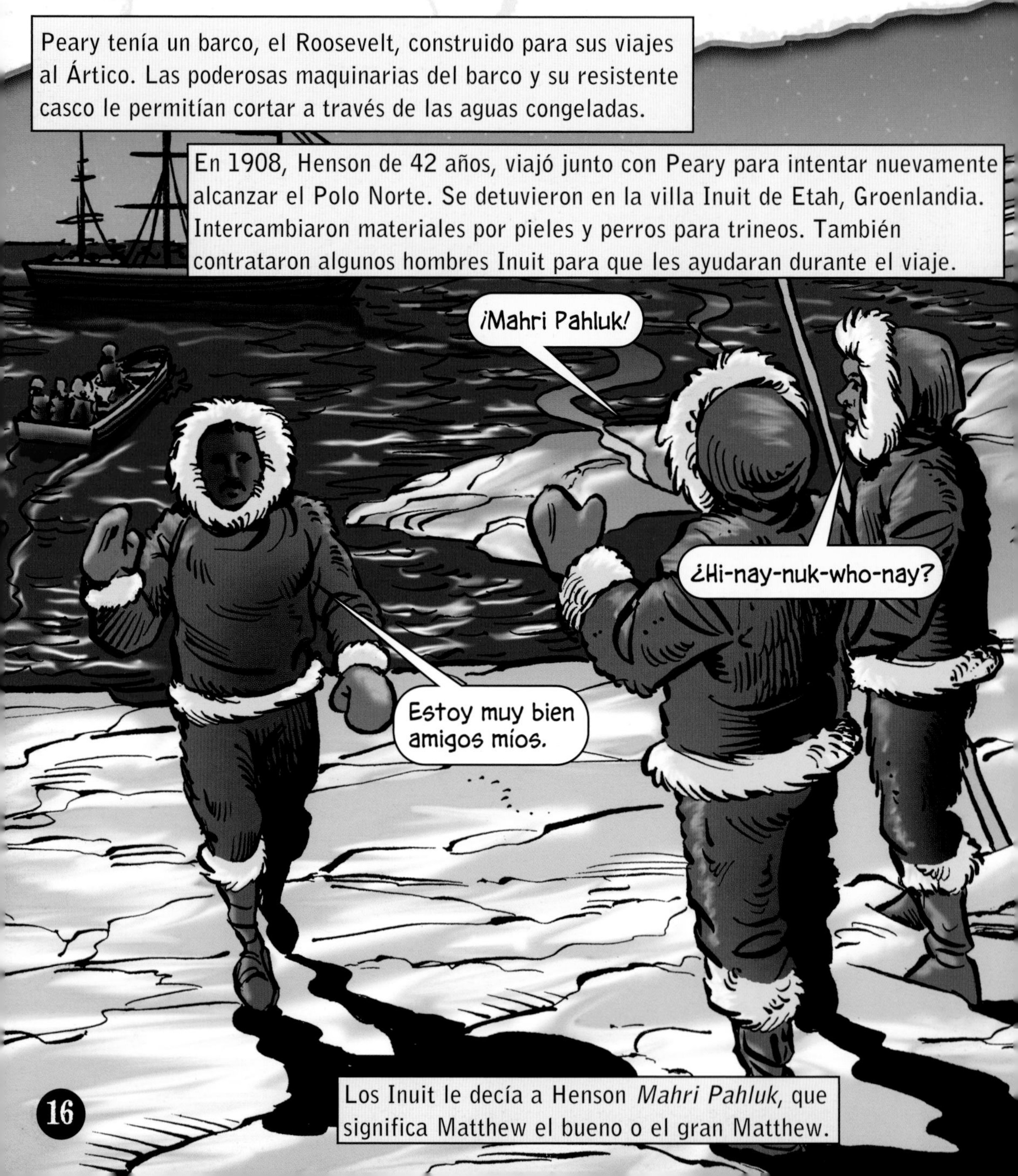
Peary tenía un barco, el Roosevelt, construido para sus viajes al Ártico. Las poderosas maquinarias del barco y su resistente casco le permitían cortar a través de las aguas congeladas.
En 1908, Henson de 42 años, viajó junto con Peary para intentar nuevamente alcanzar el Polo Norte. Se detuvieron en la villa Inuit de Etah, Groenlandia. Intercambiaron materiales por pieles y perros para trineos. También contrataron algunos hombres Inuit para que les ayudaran durante el viaje.
¡Mahri Pahluk!
¿Hi-nay-nuk-who-nay?
Estoy muy bien amigos míos.
Los Inuit le decía a Henson *Mahri Pahluk*, que significa Matthew el bueno o el gran Matthew.

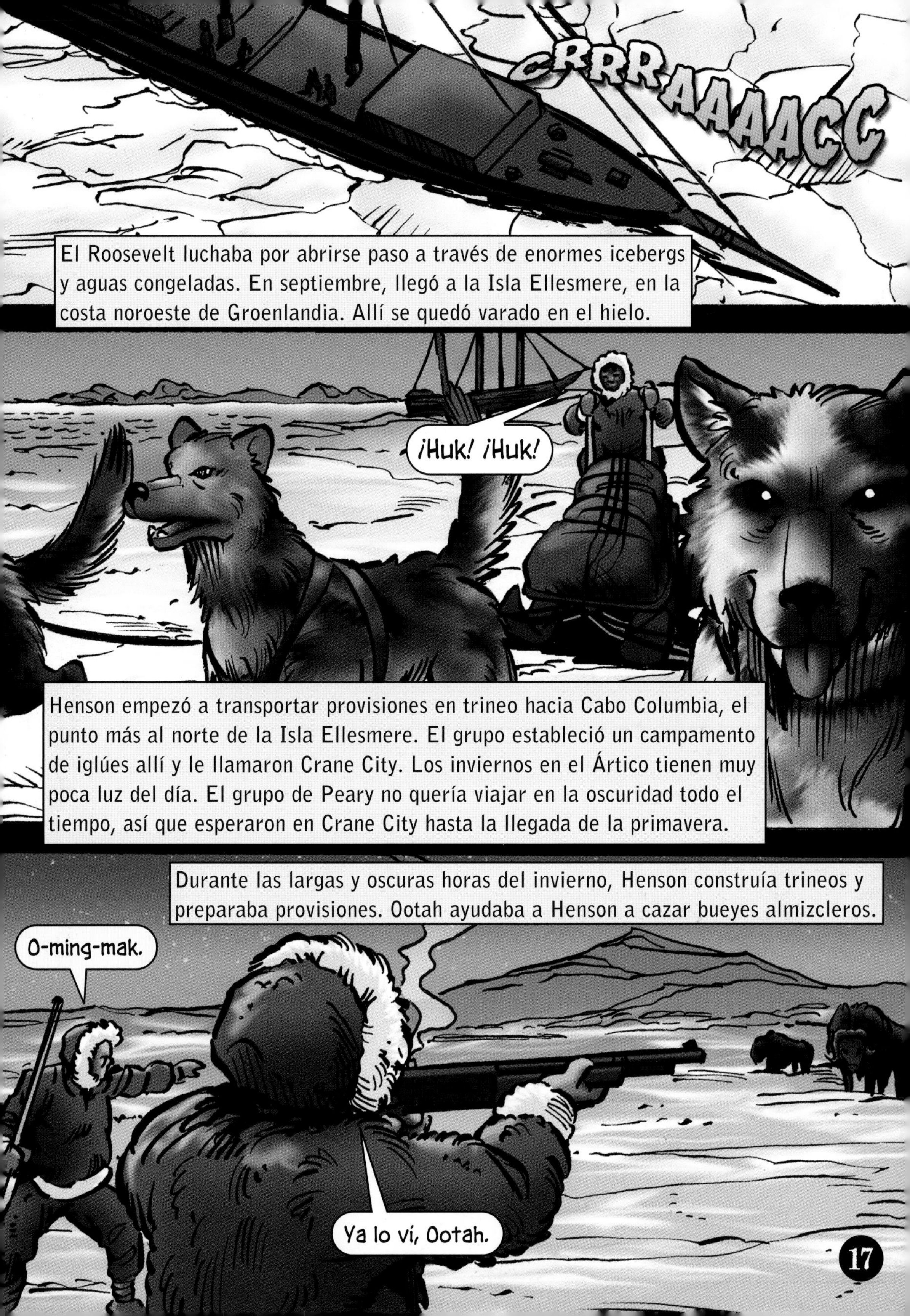
CRRRAAAAACC
El Roosevelt luchaba por abrirse paso a través de enormes icebergs y aguas congeladas. En septiembre, llegó a la Isla Ellesmere, en la costa noroeste de Groenlandia. Allí se quedó varado en el hielo.
¡Huk! ¡Huk!
Henson empezó a transportar provisiones en trineo hacia Cabo Columbia, el punto más al norte de la Isla Ellesmere. El grupo estableció un campamento de iglúes allí y le llamaron Crane City. Los inviernos en el Ártico tienen muy poca luz del día. El grupo de Peary no quería viajar en la oscuridad todo el tiempo, así que esperaron en Crane City hasta la llegada de la primavera.
Durante las largas y oscuras horas del invierno, Henson construía trineos y preparaba provisiones. Ootah ayudaba a Henson a cazar bueyes almizcleros.
O-ming-mak.
Ya lo ví, Ootah.

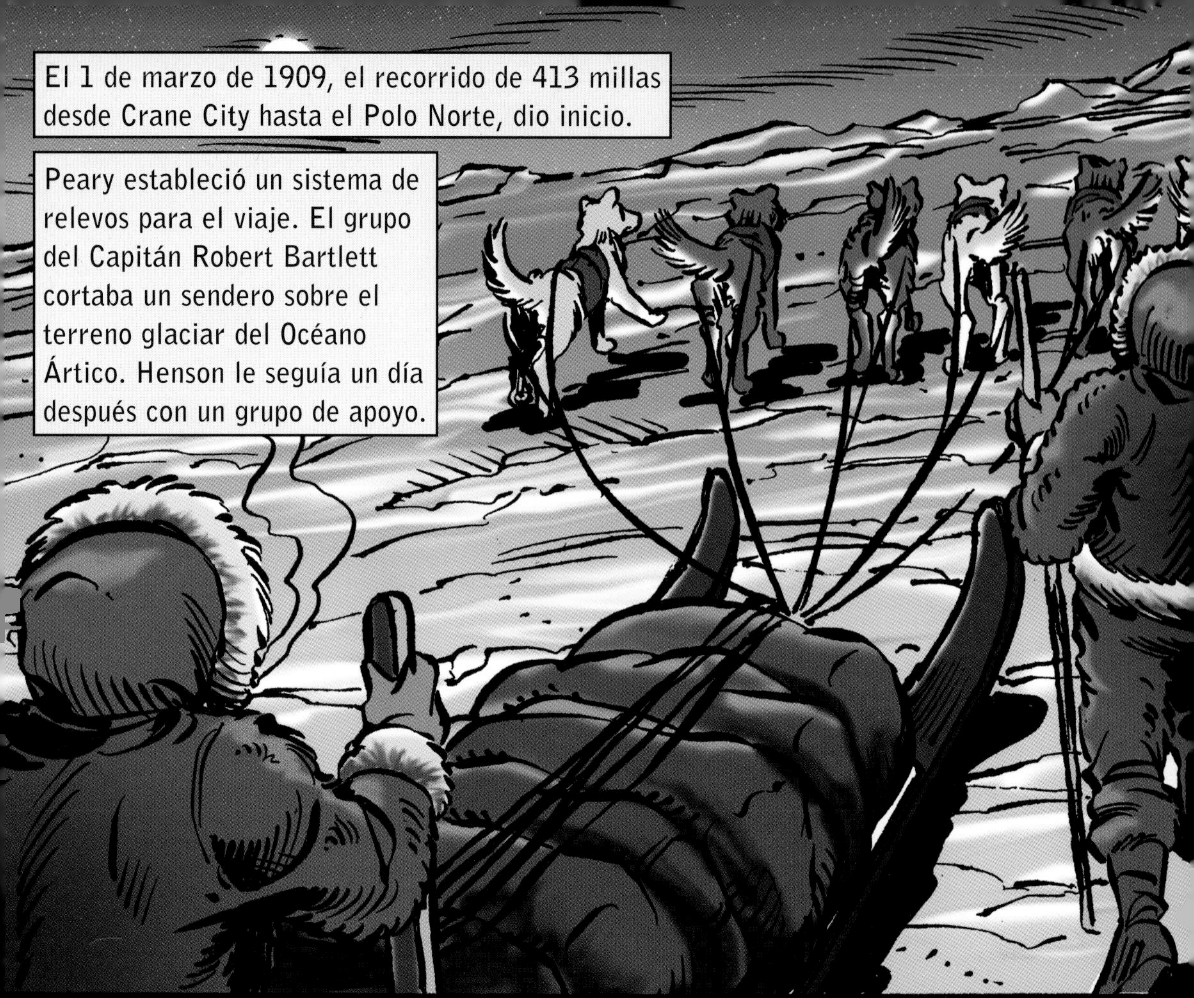
El 1 de marzo de 1909, el recorrido de 413 millas desde Crane City hasta el Polo Norte, dio inicio.
Peary estableció un sistema de relevos para el viaje. El grupo del Capitán Robert Bartlett cortaba un sendero sobre el terreno glaciar del Océano Ártico. Henson le seguía un día después con un grupo de apoyo.

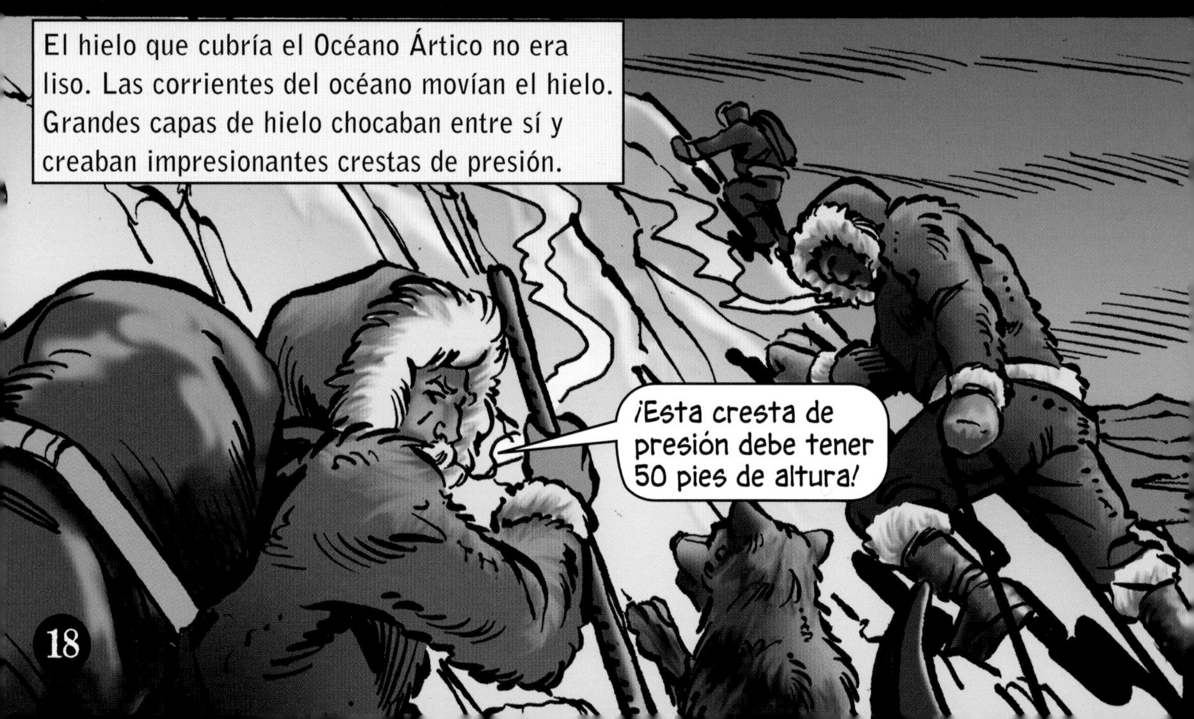
El hielo que cubría el Océano Ártico no era liso. Las corrientes del océano movían el hielo. Grandes capas de hielo chocaban entre sí y creaban impresionantes crestas de presión.
¡Esta cresta de presión debe tener 50 pies de altura!

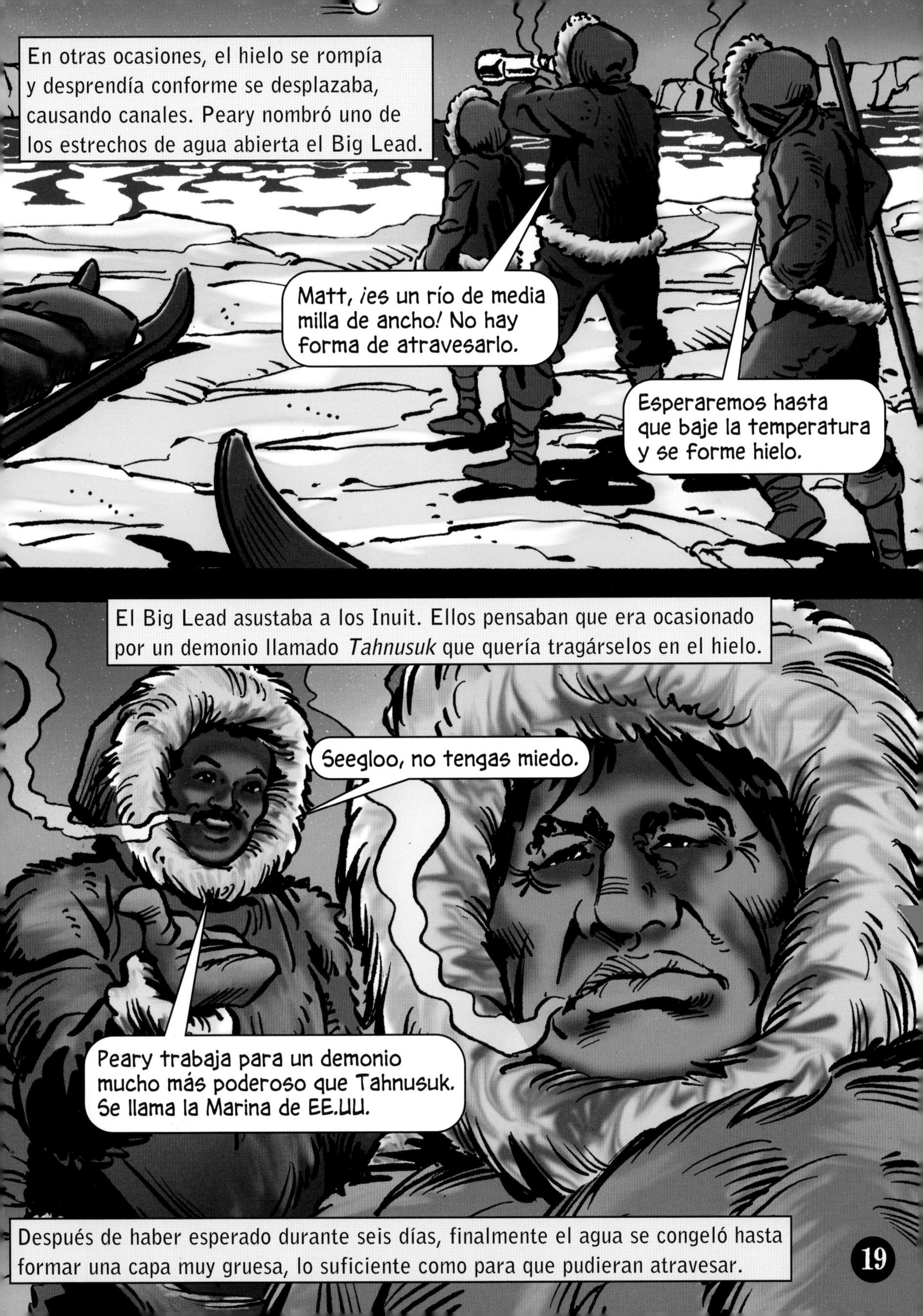
En otras ocasiones, el hielo se rompía y desprendía conforme se desplazaba, causando canales. Peary nombró uno de los estrechos de agua abierta el Big Lead.
Matt, ¡es un río de media milla de ancho! No hay forma de atravesarlo.
Esperaremos hasta que baje la temperatura y se forme hielo.
El Big Lead asustaba a los Inuit. Ellos pensaban que era ocasionado por un demonio llamado *Tahnusuk* que quería tragárselos en el hielo.
Seegloo, no tengas miedo.
Peary trabaja para un demonio mucho más poderoso que Tahnusuk. Se llama la Marina de EE.UU.
Después de haber esperado durante seis días, finalmente el agua se congeló hasta formar una capa muy gruesa, lo suficiente como para que pudieran atravesar.

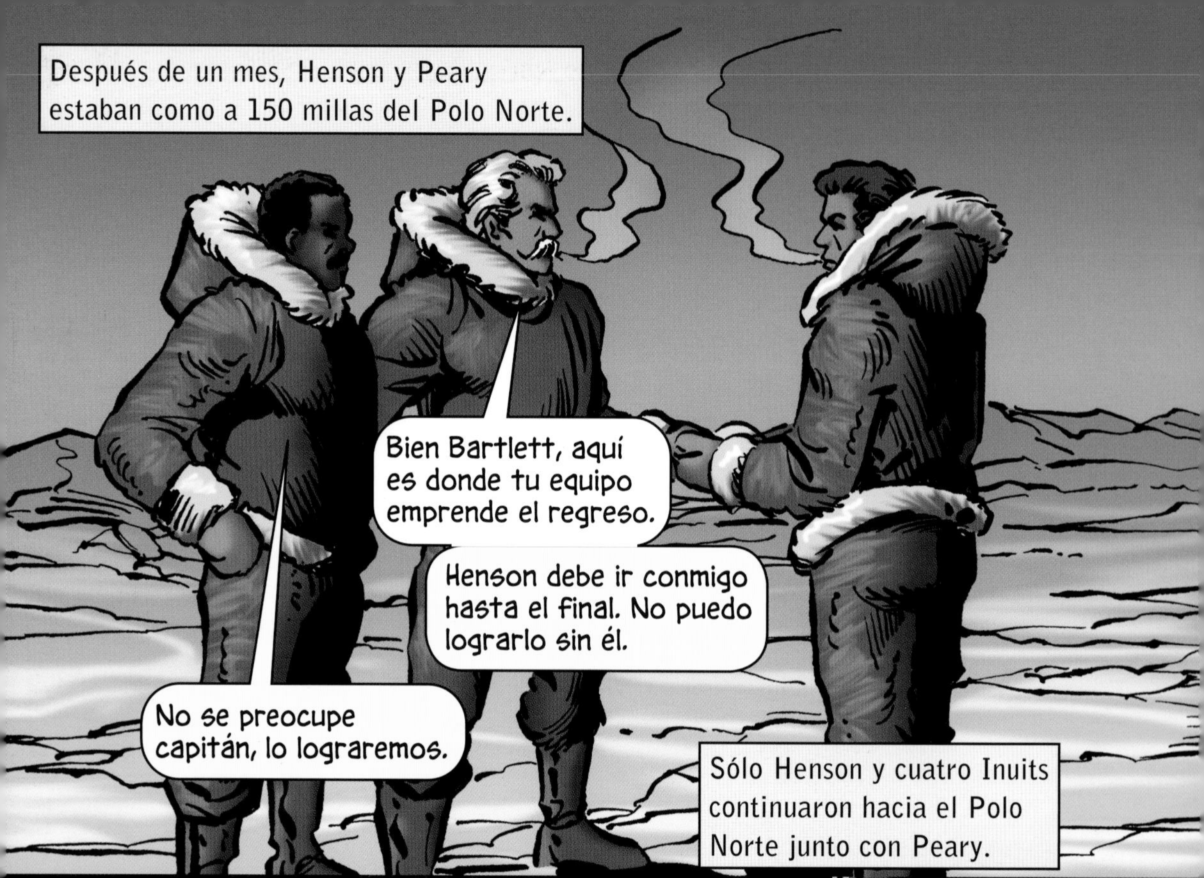
Después de un mes, Henson y Peary estaban como a 150 millas del Polo Norte.
Bien Bartlett, aquí es donde tu equipo emprende el regreso.
Henson debe ir conmigo hasta el final. No puedo lograrlo sin él.
No se preocupe capitán, lo lograremos.
Sólo Henson y cuatro Inuits continuaron hacia el Polo Norte junto con Peary.

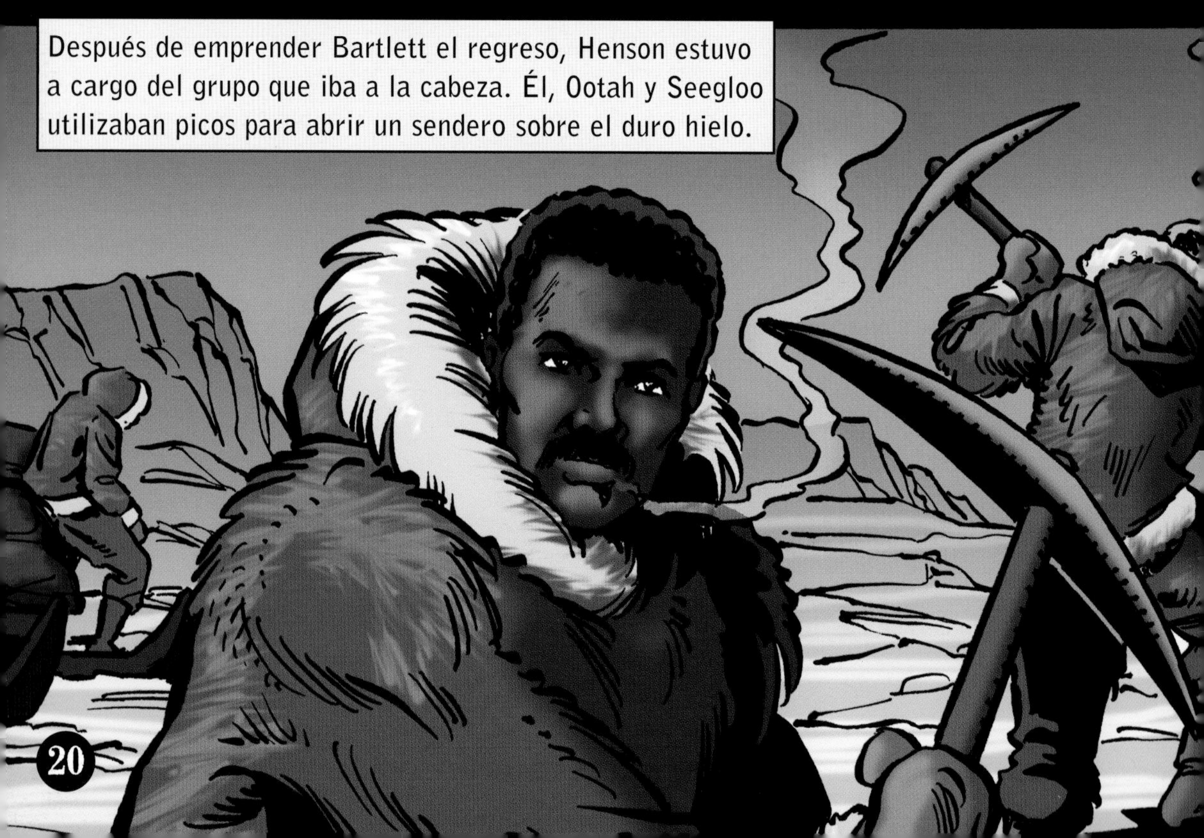
Después de emprender Bartlett el regreso, Henson estuvo a cargo del grupo que iba a la cabeza. Él, Ootah y Seegloo utilizaban picos para abrir un sendero sobre el duro hielo.

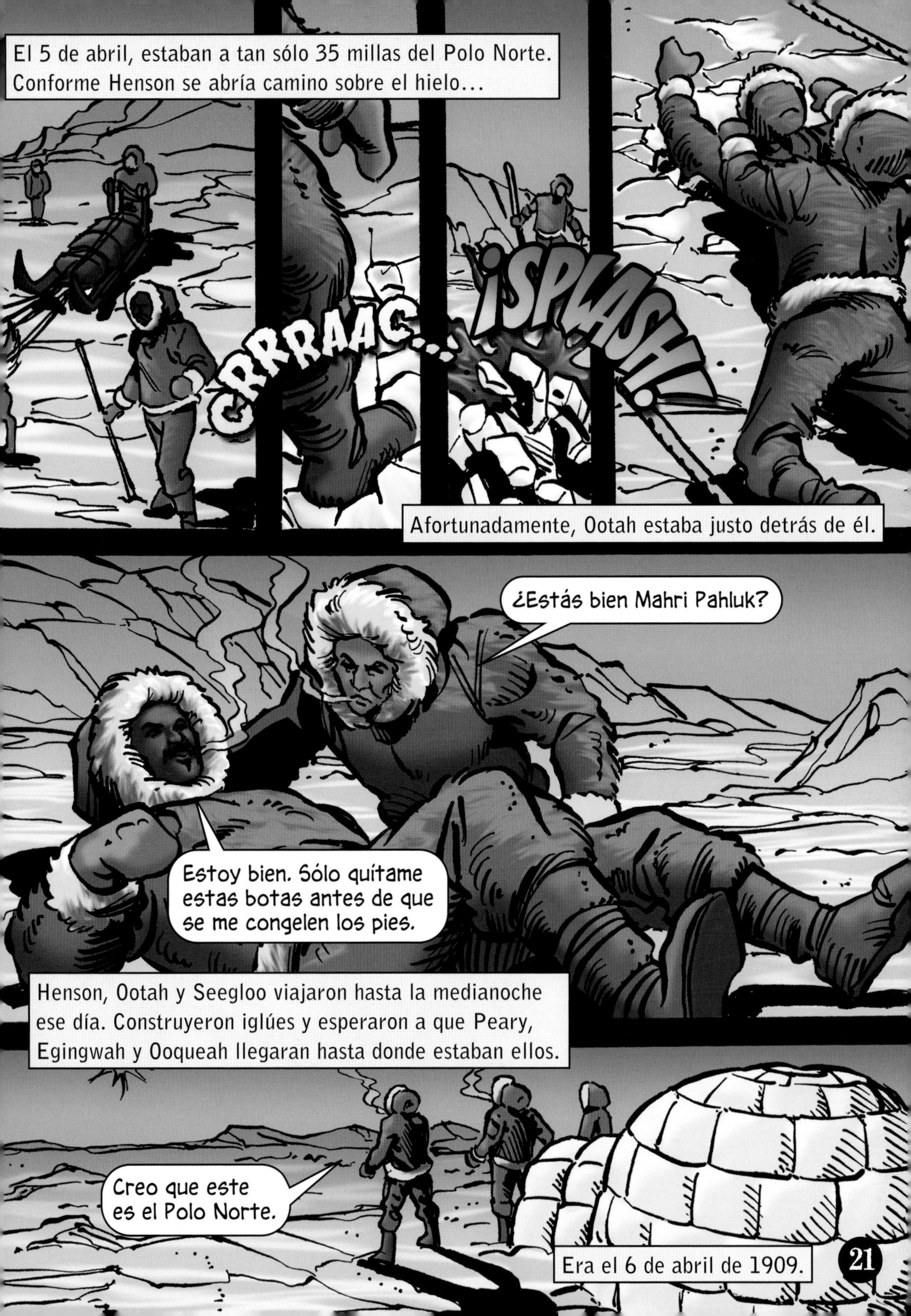

El 5 de abril, estaban a tan sólo 35 millas del Polo Norte. Conforme Henson se abría camino sobre el hielo...
GRRRAAC...
¡SPLASH!
Afortunadamente, Ootah estaba justo detrás de él.
¿Estás bien Mahri Pahluk?
Estoy bien. Sólo quítame estas botas antes de que se me congelen los pies.
Henson, Ootah y Seegloo viajaron hasta la medianoche ese día. Construyeron iglúes y esperaron a que Peary, Egingwah y Ooqueah llegaran hasta donde estaban ellos.
Creo que este es el Polo Norte.
Era el 6 de abril de 1909.

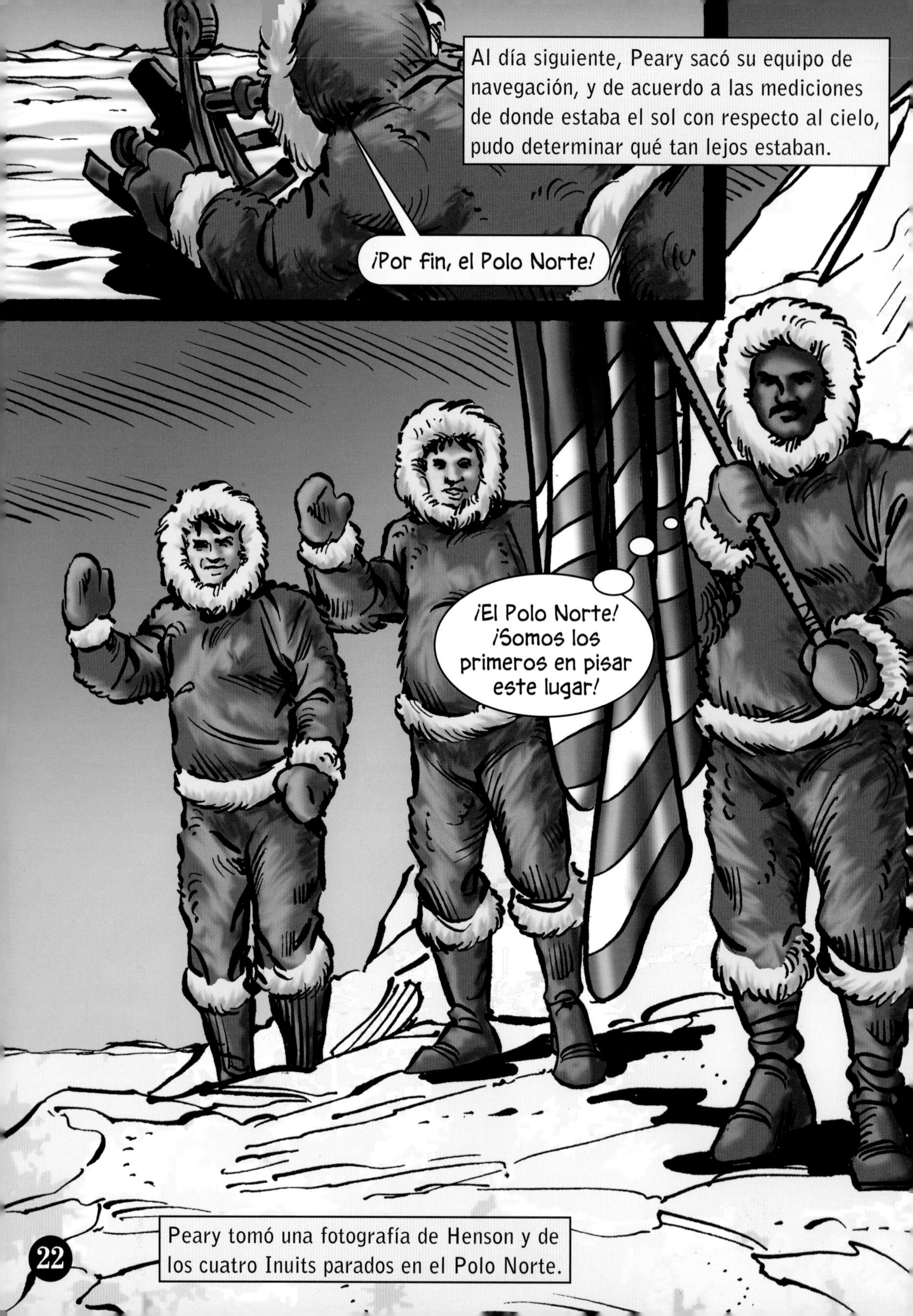
Al día siguiente, Peary sacó su equipo de navegación, y de acuerdo a las mediciones de donde estaba el sol con respecto al cielo, pudo determinar qué tan lejos estaban.
¡Por fin, el Polo Norte!
¡El Polo Norte! ¡Somos los primeros en pisar este lugar!
Peary tomó una fotografía de Henson y de los cuatro Inuits parados en el Polo Norte.

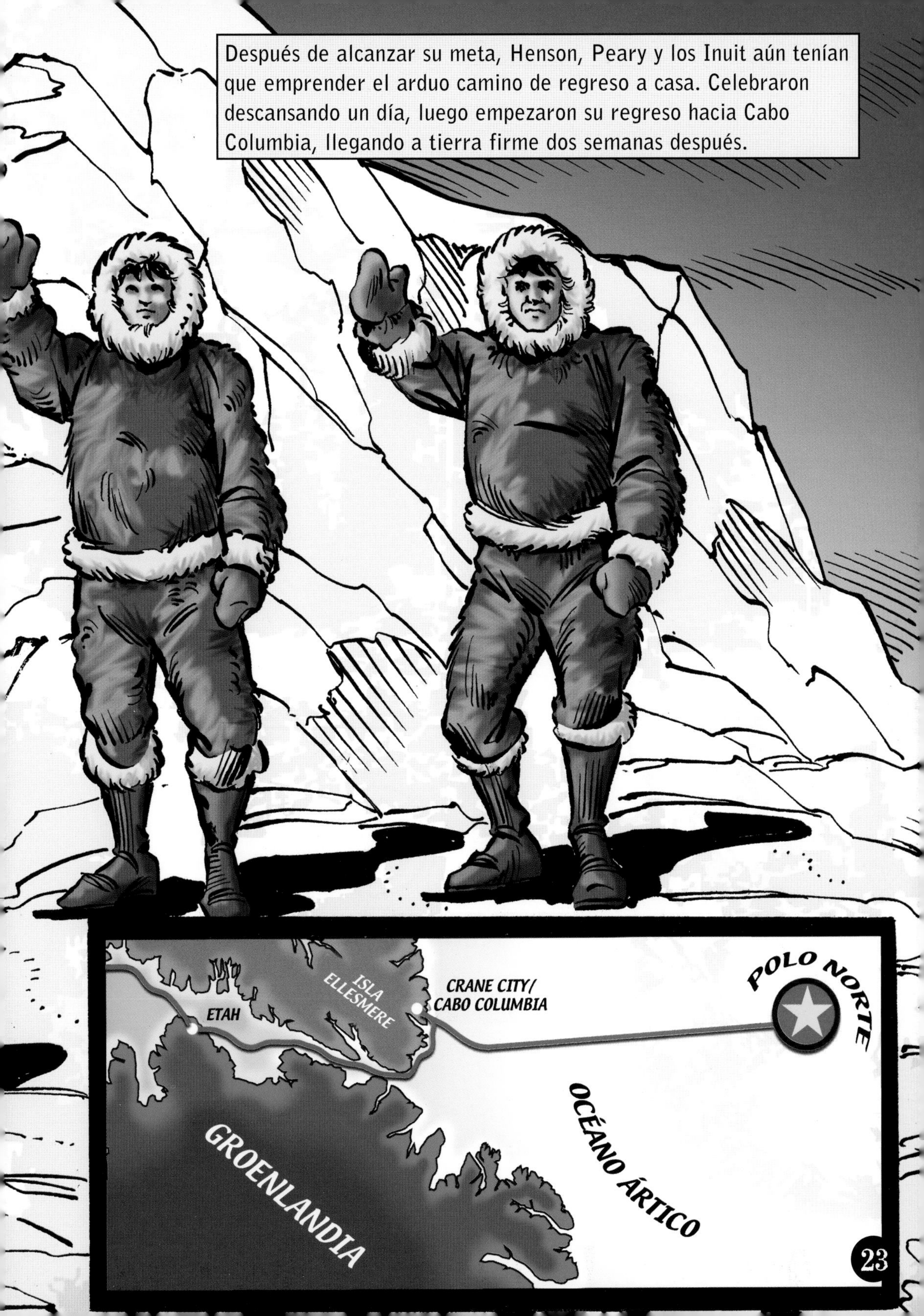
Después de alcanzar su meta, Henson, Peary y los Inuit aún tenían que emprender el arduo camino de regreso a casa. Celebraron descansando un día, luego empezaron su regreso hacia Cabo Columbia, llegando a tierra firme dos semanas después.
ISLA ELLESMERE
CRANE CITY/ CABO COLUMBIA
POLO NORTE
ETAH
GROENLANDIA
OCÉANO ÁRTICO

Capítulo 4

El "asistente de color" de Peary

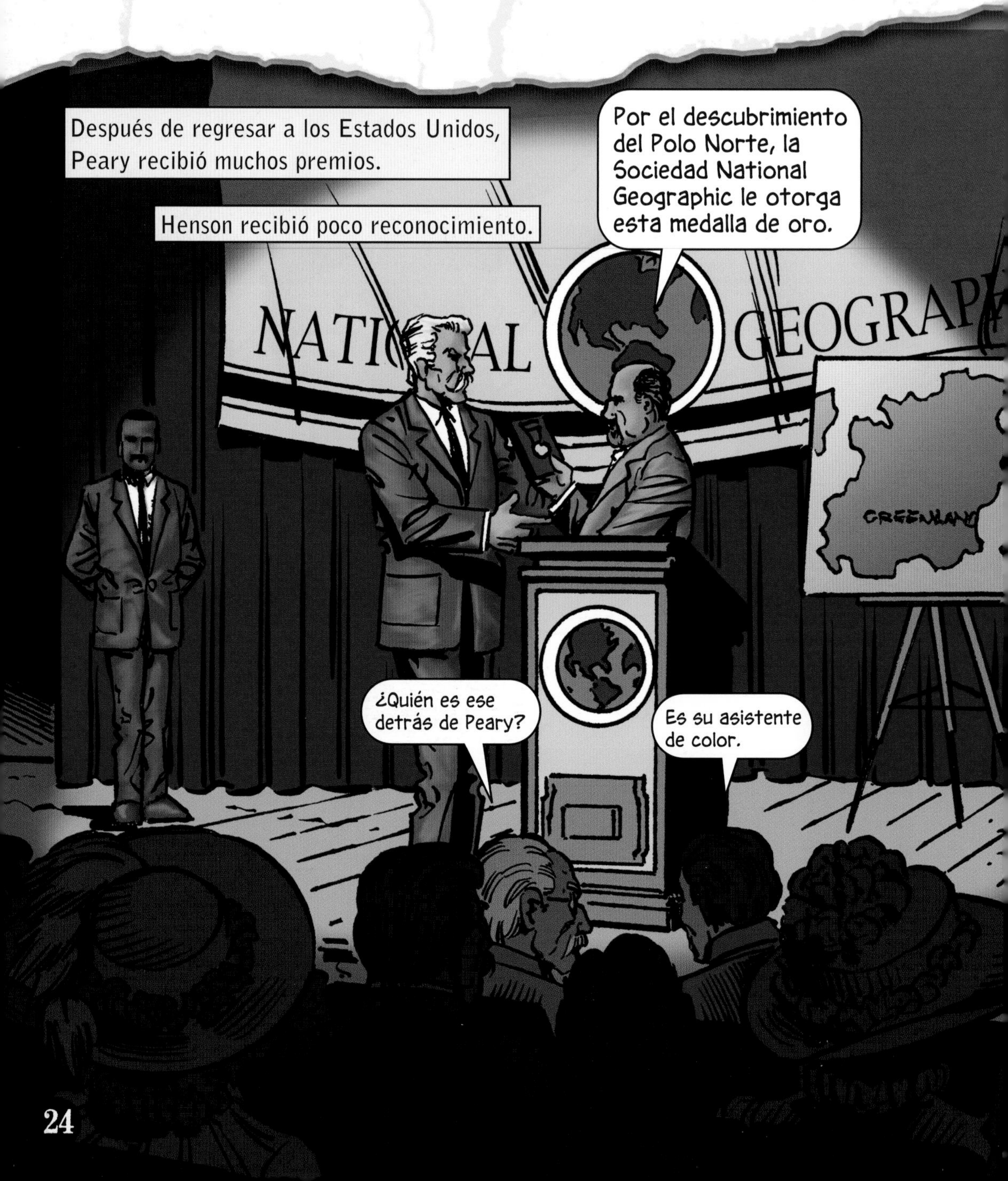
Después de regresar a los Estados Unidos, Peary recibió muchos premios.
Henson recibió poco reconocimiento.
Por el descubrimiento del Polo Norte, la Sociedad National Geographic le otorga esta medalla de oro.
¿Quién es ese detrás de Peary?
Es su asistente de color.

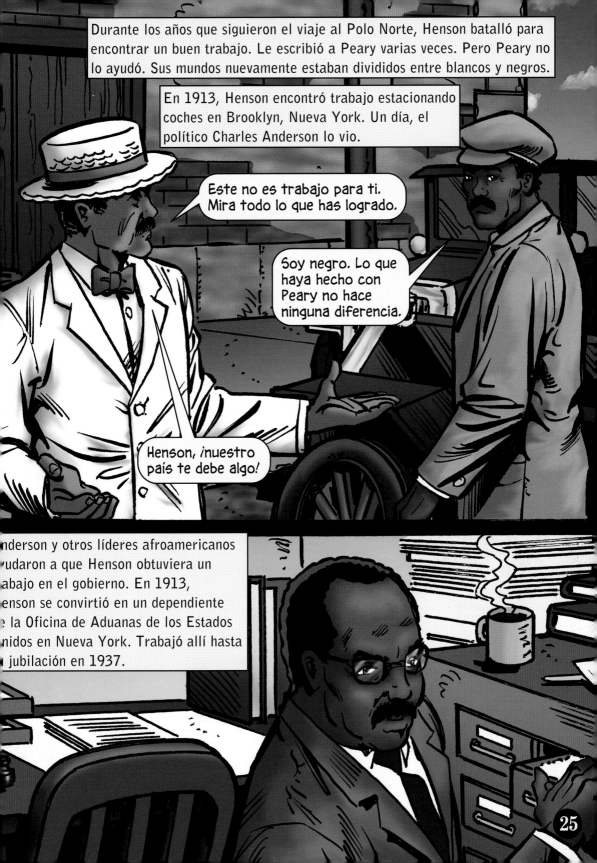

Durante los años que siguieron el viaje al Polo Norte, Henson batalló para encontrar un buen trabajo. Le escribió a Peary varias veces. Pero Peary no lo ayudó. Sus mundos nuevamente estaban divididos entre blancos y negros.

En 1913, Henson encontró trabajo estacionando coches en Brooklyn, Nueva York. Un día, el político Charles Anderson lo vio.

Este no es trabajo para ti. Mira todo lo que has logrado.

Soy negro. Lo que haya hecho con Peary no hace ninguna diferencia.

Henson, ¡nuestro país te debe algo!

...nderson y otros líderes afroamericanos ...udaron a que Henson obtuviera un ...abajo en el gobierno. En 1913, ...enson se convirtió en un dependiente ...e la Oficina de Aduanas de los Estados ...nidos en Nueva York. Trabajó allí hasta ... jubilación en 1937.

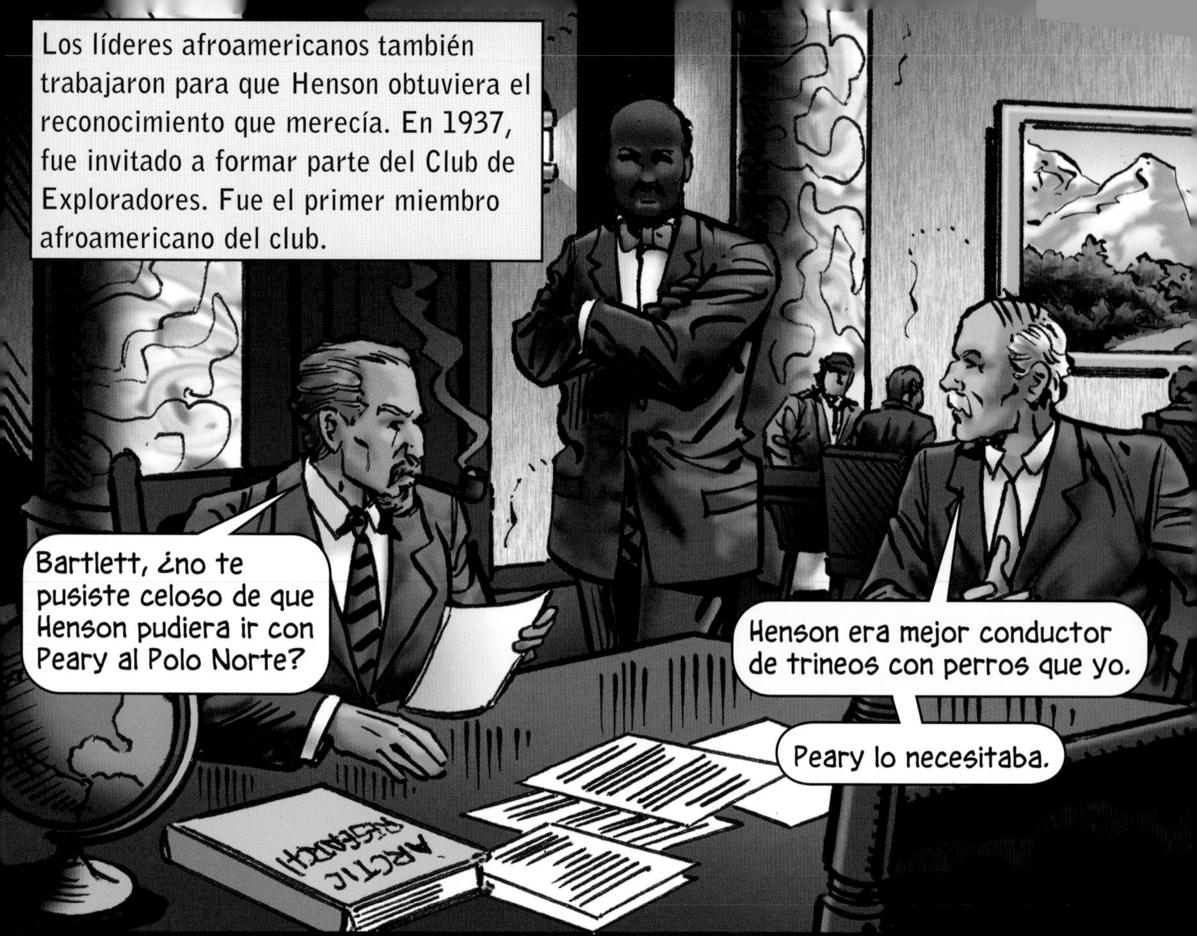
Los líderes afroamericanos también trabajaron para que Henson obtuviera el reconocimiento que merecía. En 1937, fue invitado a formar parte del Club de Exploradores. Fue el primer miembro afroamericano del club.
Bartlett, ¿no te pusiste celoso de que Henson pudiera ir con Peary al Polo Norte?
Henson era mejor conductor de trineos con perros que yo.
Peary lo necesitaba.

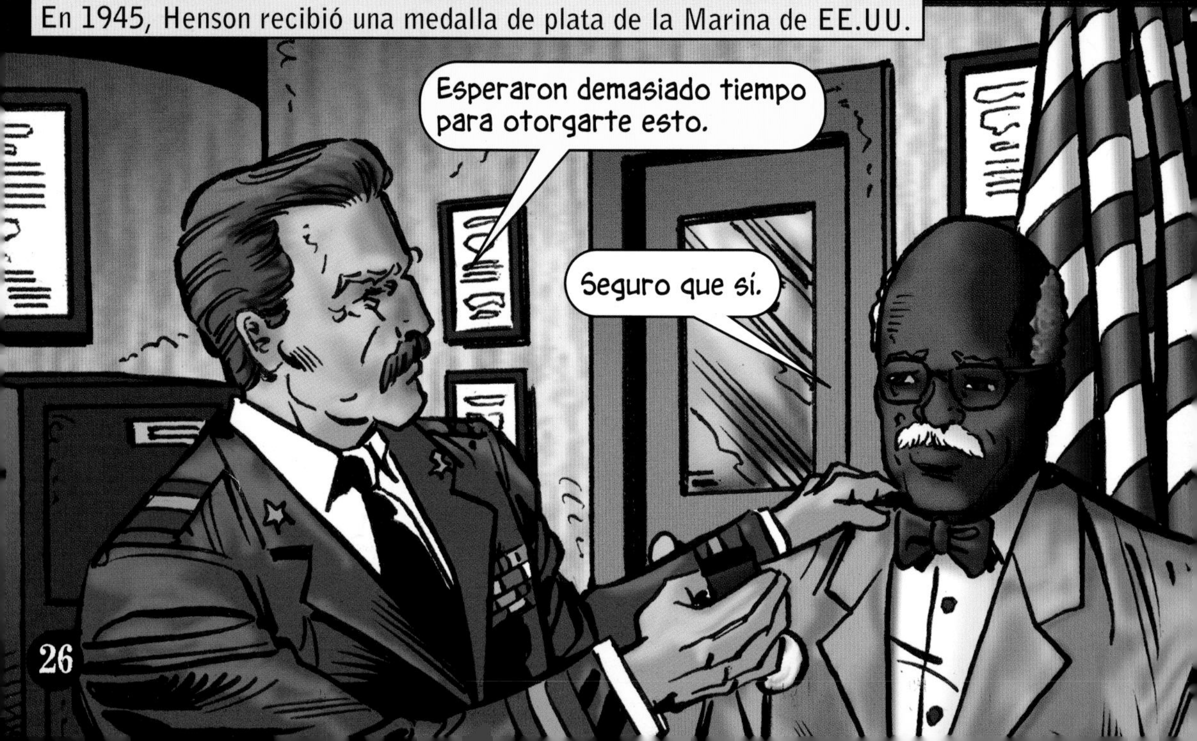
En 1945, Henson recibió una medalla de plata de la Marina de EE.UU.
Esperaron demasiado tiempo para otorgarte esto.
Seguro que sí.

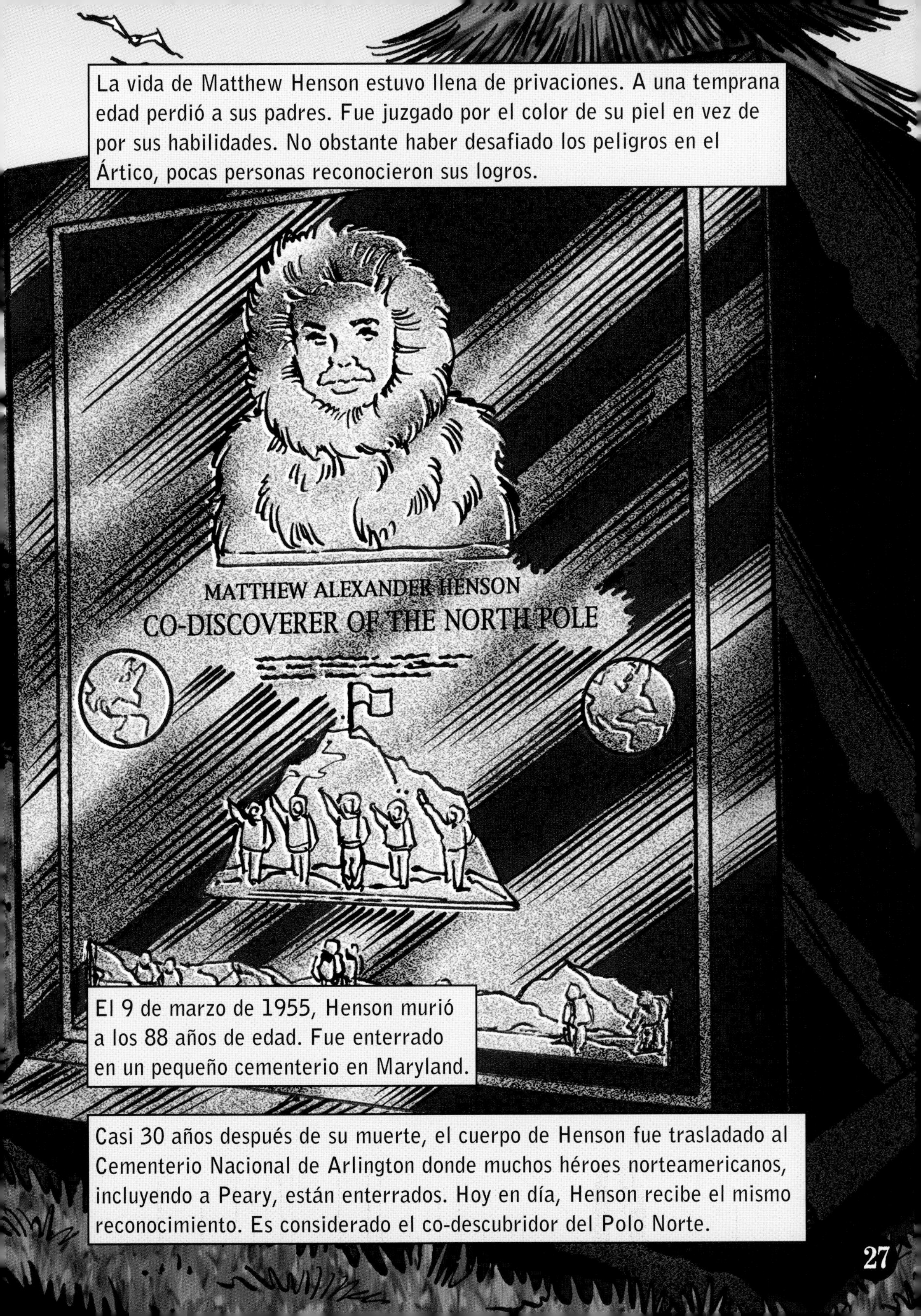
La vida de Matthew Henson estuvo llena de privaciones. A una temprana edad perdió a sus padres. Fue juzgado por el color de su piel en vez de por sus habilidades. No obstante haber desafiado los peligros en el Ártico, pocas personas reconocieron sus logros.
MATTHEW ALEXANDER HENSON
CO-DISCOVERER OF THE NORTH POLE
El 9 de marzo de 1955, Henson murió a los 88 años de edad. Fue enterrado en un pequeño cementerio en Maryland.
Casi 30 años después de su muerte, el cuerpo de Henson fue trasladado al Cementerio Nacional de Arlington donde muchos héroes norteamericanos, incluyendo a Peary, están enterrados. Hoy en día, Henson recibe el mismo reconocimiento. Es considerado el co-descubridor del Polo Norte.

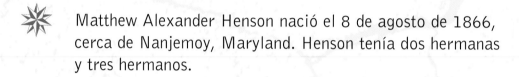

Más sobre MATTHEW HENSON

✳ Matthew Alexander Henson nació el 8 de agosto de 1866, cerca de Nanjemoy, Maryland. Henson tenía dos hermanas y tres hermanos.

✳ No se sabe con seguridad cuándo murieron los padres de Henson. En los años 1800 no se llevaban buenos registros de los afroamericanos. Sólo se sabe que los padres de Henson murieron cuando él era muy pequeño. Él se hizo cargo de sí mismo para cuando tenía 12 años.

✳ En 1893, Henson adoptó a un niño Inuit, Kudlooktoo, cuya madre había muerto. Él ayudó a cuidar de Kudlooktoo durante sus visitas al Ártico. Después de la expedición de 1909 al Polo Norte, Henson perdió contacto con él.

✳ Después de su viaje de 1893 a 1895, Henson no estaba seguro de querer regresar al Ártico. Un amigo afroamericano, George Gardner, le dijo a Henson que tenía que regresar para demostrar que los afroamericanos podrían jugar un papel importante en los eventos históricos.

✳ En 1906, Henson tuvo un hijo, Anaukaq, con una mujer Inuit, Akatingwah. Henson nunca los volvió a ver después de regresar de su viaje al Ártico en 1909. En 1986, Anaukaq y sus hijos viajaron a los Estados Unidos para conocer a algunos de los parientes de Henson.

Henson murió el 9 de marzo de 1955, a la edad de 88 años.

 En el año 2000, 91 años después del descubrimiento del Polo Norte, la Sociedad National Geographic le otorgó a Henson la Medalla Hubbard. La organización le había dado el mismo premio a Peary en 1906.

 ## GLOSARIO INUIT:

- **Hi-nay-nuk-who-nay?**—Hola, ¿cómo estás?
- **Huk! Huk!**—la orden para hacer que los perros de los trineos se muevan
- **Inuit**—la gente
- **Mahri Pahluk**—Matthew el bueno o el gran Matthew
- **O-ming-mak**—buey almizclero

GLOSARIO

el canal — área de agua abierta en un cuerpo de agua congelado

la cresta de presión — altas pilas de hielo formadas por grandes capas de hielo en el Océano Ártico que chocan entre ellas

el iglú — la casa tradicional de los Inuit, hecha con terrón, madera, piedra, bloques de hielo, o nieve endurecida

Inuit — la gente nativa del Ártico

el mozo — una persona que atiende las necesidades personales de otra persona

el portero — alguien que carga el equipaje de las personas en una estación de tren o en un hotel

el racismo — la creencia de que una raza es mejor que otra

los torrentes — grandes flujos de algo

el trineo — conducir un equipo de perros; o el trineo que es utilizado por el equipo de perros.

SITIOS DE INTERNET

FactHound proporciona una manera divertida y segura de encontrar sitios de Internet relacionados con este libro. Nuestro personal ha investigado todos los sitios de FactHound. Es posible que los sitios no estén en español.

Se hace así:

1. Visita *www.facthound.com*
2. Elige tu grado escolar.
3. Introduce este código especial **0736866035** para ver sitios apropiados según tu edad, o usa una palabra relacionada con este libro para hacer una búsqueda general.
4. Haz clic en el botón **Fetch It**.

¡FactHound buscará los mejores sitios para ti!

LEER MÁS

Armentrout, David, and Patricia Armentrout. *Matthew Henson*. Discover the Life of an American Legend. Vero Beach, Fla.: Rourke, 2004.

Currie, Stephen. *Polar Explorers*. History Makers. San Diego: Lucent, 2002.

Gaines, Ann. *Matthew Henson and the North Pole Expedition*. Journey to Freedom. Chanhassen, Minn: Child's World, 2001.

Litwin, Laura Baskes. *Matthew Henson: Co-discoverer of the North Pole*. African-American Biographies. Berkeley Heights, N.J.: Enslow, 2001.

Weidt, Maryann N. *Matthew Henson*. History Maker Bios. Minneapolis: Lerner, 2003.

BIBLIOGRAFÍA

Counter, S. Allen. *North Pole Legacy: Black, White, and Eskimo*. Amherst: University of Massachusetts Press, 1991.

Henson, Matthew. *A Negro Explorer at the North Pole*. Montpelier, Vt.: Invisible Cities Press, 2001.

Peary, Robert E. *The North Pole*. New York: Cooper Square Press, 2001.

Robinson, Bradley. *Dark Companion*. New York: R. M. McBride, 1948.

ÍNDICE